朝田佳尚
Asada Yoshitaka

監視カメラと閉鎖する共同体

敵対性と排除の社会学

慶應義塾大学出版会

監視カメラと閉鎖する共同体

◇

目次

はじめに　1

第1章　監視社会研究再考　11

1　はじめに　11
2　監視カメラの効果研究とそれを支えるもの　15
3　近代化と国民国家による社会の監視　22
4　消費社会と技術による情報の管理　27
5　本書の視座　31

第2章　監視カメラ表象の変遷　39

1　はじめに　39
2　公的機関による監視カメラの設置と普及　41
2-1　一九五〇～一九六〇年代／2-2　一九七〇～一九八〇年代／2-3　一九九〇～二〇〇〇年代
3　民間における監視カメラの設置と普及　56
3-1　一九五〇～一九六〇年代／3-2　一九七〇～一九八〇年代／3-3　一九九〇～二〇〇〇年代

4　おわりに　67

第3章　地域における監視カメラ設置の論理　77

1　はじめに　77
2　調査の概要　80
3　なぜ監視カメラは設置されるのか　86
4　監視カメラ設置の舞台裏　92
5　監視カメラをめぐる「物語」の構成　97
6　おわりに　102

第4章　現代の閉じた卜占　109

1　はじめに　109
2　監視カメラの経験的な機制　110
3　分析の枠組み　113
4　現代の卜占としての監視カメラ　117
4－1　現代の監視カメラの特徴／4－2　二方向の解釈／4－3　閉じた卜占
5　おわりに　128

第5章　地域住民が監視カメラによせる別様の意味　133

1　はじめに　133

2　地域の概要　135

3　第Ⅰ期　意味の競合　139

3－1　監視カメラの課題化（～二〇〇四年秋）／3－2　警察の設置提案と自治会の拒否（二〇〇四年秋～二〇〇五年三月）

4　第Ⅱ期　意味の統合　144

4－1　協議会における再提案（二〇〇六年七月～一二月）／4－2　まちづくりのための監視カメラという意味の形成（二〇〇六年一二月～二〇〇七年一二月）／4－3　関係者の間接的な支援と設置の正当化（二〇〇八年一月～二〇〇八年一二月）

5　第Ⅲ期　意味の弱体化（～二〇〇九年六月）　153

6　おわりに　157

終　章　開かれた反省性と閉じた反省性　161

1　監視カメラとコミュニティの循環的構成　161

2　三つの機制による空間の再定義　164

3　反復的な異物の視聴と自己撞着としての権力　168

4　権力の文脈を確定する共同体の呪術　170

5　二つの反省性　174

あとがき　183
参考文献　*3*
索引　*1*

はじめに

K・ポパーにならって言えば、社会には「開かれた社会」と「閉じた社会」がある。ポパーは『開かれた社会とその敵』において、プラトンのイデアからヘーゲルの弁証法につらなる一群の思想を固定的な知と断じ、痛烈に批判した（Popper 1950=1980: 28）。イデアや弁証法は、歴史の始点ないしは終点を、理想（原型あるいは発展の最終段階）として本質化し、それ以外の時間を劣化や途上の過程とみなす。そのために、この知において、中途の時間に生成するすべての事物や人間は、それ自身がもつ独自性や多様性の観点から考慮されることはない。むしろ、それらは本質化された理想からの距離によって、位置づけられ評価されてしまう。いわば、イデアや弁証法にとって事物や人間は、本質の時間的経過の中に配置されるだけの客体であり、論理の必然性を証明するための要素でしかないのだ。

それに対して、個別の意図をもつ人間たちが自由に知の検証に参加し、その結果として科学知の妥当性がしだいに高まることをポパーは称賛した。彼にとっては、それが公正な知を基盤に漸進する「開かれた社会」の前提条件だったのである（Popper 1950=1980: 201）。

後者のように知を試行錯誤の連なりとみなし、つねに偶有性や可謬性を担保する社会を「開かれた社会」と名付けるのならば、その逆のものを「閉じた社会」と呼んでもいいだろう。それは何らかの本質を自明視し、そこから逸脱する事物や人間については、変形させてでもその論理のうちに取り込む社会だと考えることができる。私たちが望む自由な社会は、こうした知に対する反省から構成されている。

では、こうした二項対立の枠組みと「閉じた社会」に対する憂慮は、あらゆるものが自明性を失う流動的な現代社会においては、もはや古いものとして放置できるだろうか。たしかに「閉じた社会」の代表例であり、ポパーが闘いを挑んだいわゆる「ファシズム」や「社会主義」はもはや現代にはない。しかし、流動的な現代社会においてこそ自明性が回帰するということは、社会学の伝統的な論題であり、再帰的近代化論によっても繰り返し指摘されてきた。

A・ギデンズは、現代になると制度や規範の自明性が後退し、個人が「いまここ」で物事を決められる範囲はこれまでになく拡大するとみなしたが、同時にそれが個人の安心感を奪うことになると指摘した。個人間の意思によってすぐに変更ができる柔軟な制度や規範は、同時に脆弱でもあることから、支えのない個人の選択は、瞬く間に無意味なものになるリスクをつねにはらんでいる。ギデンズによれば、こうした流動性の拡大に付随する不安感を抑え込むために、日常生活をあえて規則的に管理する個人や、任意の対象に無二の愛を注ぎ込んで依存する個人が現れることになる（Giddens 1991=2005: 222; 1992=1995: 113-115）。

同様に、U・ベックはグローバル社会においてこそ、宗教的な原理主義が活発になると指摘した。グローバル社会ではあらゆるものが混交し、従来は普遍的だとみなされた価値ですら問い直しの対象となるがゆえに、むしろ疑問の余地のない確実性を個人に実感させてくれる強い信仰が求められる（Beck 2008=2011: 249-258）。それらはいずれも、流動性や反省性という現代的なものが、自明性や本質を回帰させる逆説を表している。

こうした観点から現代、とりわけ二〇世紀末以降の日本社会を捉えれば、自明性や本質の回帰を象徴するような論理がさまざまなかたちで用いられているようにも見える。新保守主義や新自由主義とのねじれた関連性が指摘される自国第一主義、旧来の大衆道徳への憧憬、社会的排除と自己責任論、敵対性の増幅と移民排斥といった概念や主張を、その例として挙げてもいいだろう。あるいは、その翻訳語である国益、品格、厳罰化、ヘイトスピーチを、実際に見聞きしたことのある例として取り上げてもいい。

もちろん、それぞれの概念や主張は出所や意図が異なるし、その趣旨に共感できるものも、そうでないものもあるだろう。その点でこれらをまったく等しいものと捉えることはできない。ただし、その論理の形式とでも言えるもの、すなわち任意の理想を基準にさまざまな事物や人間を位置づけること、そしてときにそこから外れるものを嫌悪すべき社会病理とみなすことに関しては、いくらか共通した部分があると考えられる。

そして、監視カメラが社会に広がった時期は、こうした動向の拡大と軌を一にしている。

監視カメラの広がりを検討するために『防犯設備機器に関する統計調査報告書』を確認してみよう。防犯設備機器の業界団体が毎年発行しているこの報告書の推計によれば、監視カメラと周辺の設備機器を指

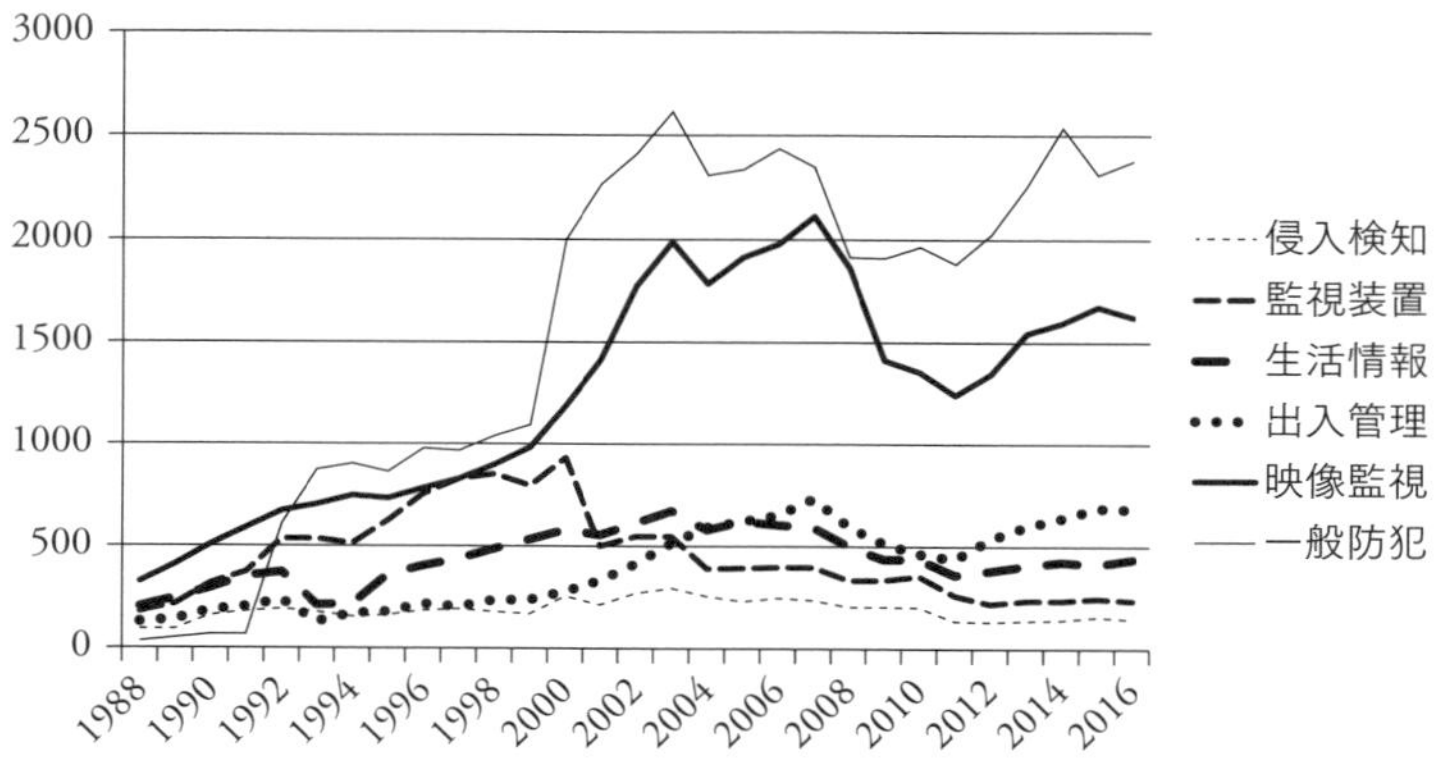

図1　防犯市場規模の推移

す「映像監視」の市場規模はこの三〇年の間に急増した（図1）。

一九八八年には三二〇億円だった市場規模は、一九九〇年代の末に約一〇〇〇億円に達し、二〇〇〇年代に入るとその勢いをさらに増した。二〇〇七年には過去最高の二一二三億円を記録し、錠前や車両用防犯装置などの身近な防犯機器を内訳に含む「一般防犯」に匹敵する水準にまで上昇した。その後、二〇一一年にかけて減少したが、近年はふたたび増加する傾向にあり、二〇一六年は一六二七億円まで市場規模を回復させている[*1]（日本防災設備協会編 2008: 7; 2018: 10）。

もう一つ、言葉の広がりにも着目してみよう。ヨミダス歴史館の記事検索を利用して監視カメラの記事数の変化を確認すると、その数はやはり一九九〇年代後半から急増し、関連する他の技術と比べても圧倒的に増加していることがわかる（図2）[*2]。図2からは市場規模よりも明白に、意識面において人びとが監視カメラに関心を寄せる様子を確認できる[*3]。

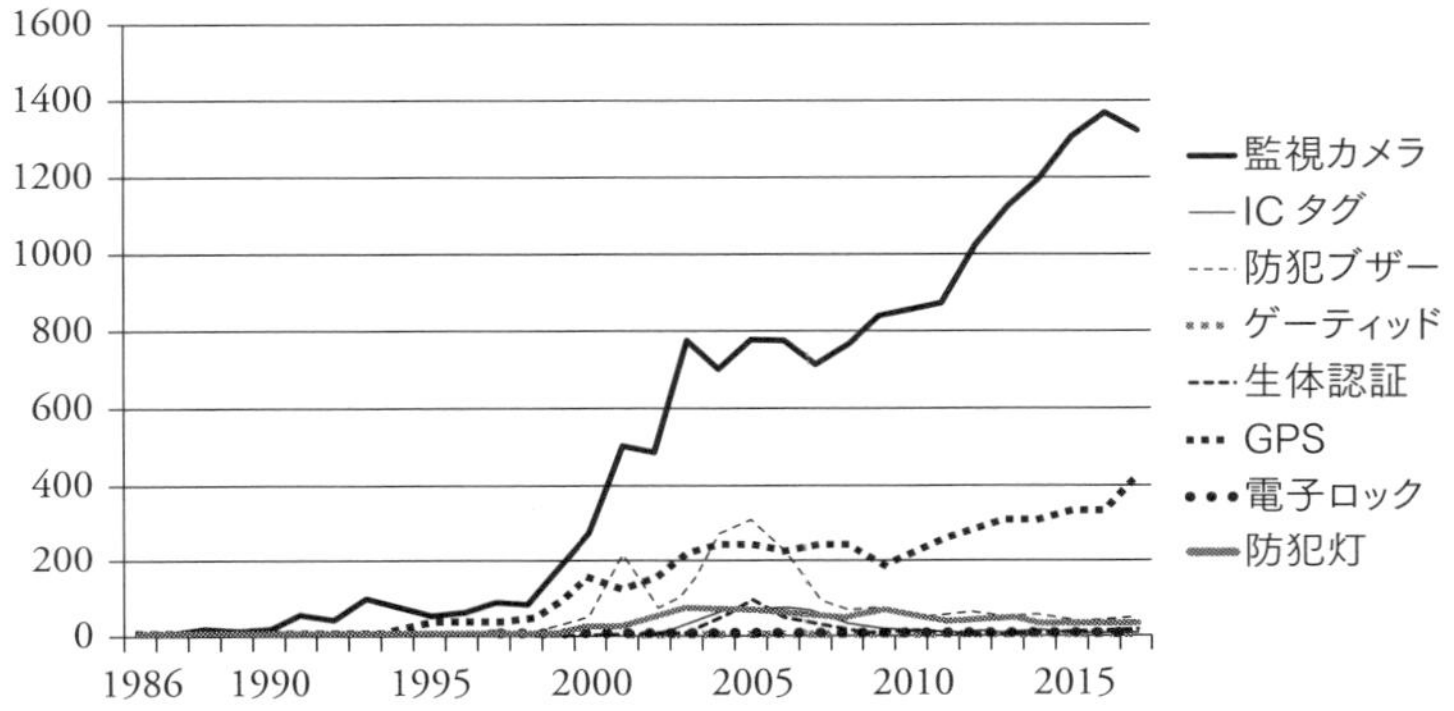

図２　防犯機器の記事数の推移（読売新聞）

こうした変化は経験的にも理解できるだろう。以前とは異なり、私たちは街路やＡＴＭに監視カメラがあることをよく知っている。意識して探せば、日常のあらゆる場所で監視カメラを何十台も見つけることができる。もちろん、ニュース番組や動画サイトで流れる監視カメラ映像もそうした日常の風景の一部だろう。

また会話に関してもそうだ。私たちは不審者の情報を得ると、ほとんど無自覚に、その対策として監視カメラという言葉を口にするようになった。それは監視カメラが一般的な知識や語彙のなかに深く織り込まれていることを意味する。私たちは、鍵をかける、扉を閉める、という言葉と同じくらい、監視カメラを付けるという言葉に慣れている。

だが、上記のデータをもとにすれば、こうした現実が構成されたのは、実はこの二〇～三〇年の間だったと考えることができる。日常の風景や語彙のなかに自然と監視カメラが現れるという現実を、過去の私たちは想像することができなかったはずだ。

実際に、一九九〇年代の前半においても、公共の街路における監視カメラの設置は非常に珍しい出来事だった。監視カメラを設置しようとする活動もいくらかはあったが、それに対して強い反対意見が表明されたこともあり、その実現には大きな困難がともなった。それどころか、いくつも訴訟が起き、ごく一部ではあるが、裁判所が監視カメラの撤去命令を出したことすらある。それが一九九〇年代の後半に反転したのである。

とりわけ、こうした変化は私たちが日常生活をおくる地域社会において顕著だった。詳細は後述するが、一九九〇年代の前半までは、捜査機関や金融機関、あるいはわずかな数の繁華街にのみ設置されていた監視カメラは、後半に入ると急速に商店街や住宅地を含めた地域社会の街路に広がる。そのことは監視カメラの名称にも影響を及ぼした。地域社会がこの技術を扱い始めた時期に、監視カメラは急速に防犯カメラと呼ばれるようになったのである。[*4] 監視カメラは、地域社会に設置が進むことで、現在のように日常化したと考えることができる。

このように、日本社会はこの三〇年間——地域社会に限ればこの二〇年間に、急速に監視カメラを受け入れるようになった。そうであるならば、地域社会の街路における監視カメラの急速な拡大がどのような過程で、またいかなる人びとの活動を通じて発生したのか、という問いを通して、現代社会をいくらか観察することができる。そう考えてもいいだろう。

本書は監視カメラという見方によっては瑣末な技術を主題とする。だが、こうした特定の対象にあえて焦点を合わせることで、その普及に関する具体的な事例に接近することができる。それにより、監視カメラの拡大をめぐるこれまでの一般的な理解や、抽象的な社会学理論とはやや異なる観点から、監視カメラを受け入れる現代社会とはいかなる社会なのかを論じることができるだろう。

注

＊1　日本防犯設備協会は調査にあたり防犯機器を六つに分類している。「侵入者検知機」は赤外線などを使用したセンサーやガラスの破壊を検知する機器を指す。「監視装置」は主にビルの警備用の遠隔監視システムやATM内の運行を管理する装置などを表す。「生活情報システム」はインターホンや緊急用の通報装置、「出入管理装置」は施設の入退時の鍵であり、典型例はカードを感知部に当てると開く扉やゲートである。「映像監視装置」が監視カメラおよびモニターとレコーダーを指す。最後の「一般防犯機器」は建築物、ロッカー、車両などの錠前、車両用盗難装置、防犯灯、人感センサー付ライト、万引防止装置、金庫、学童用の警報ブザーなどさまざまな機器を表す。

このように、一般防犯機器に関しては雑多な防犯機器が内訳に入っており、また一九九九年と二〇〇〇年で規模が一〇九六億円から一九九六億円に倍増するように、それ以前は未算入だった機器が内訳に加わって大幅に市場規模が増加することがある。それに比べると、映像監視装置の内訳は一定しており、それでも市場規模は着実に増加している。このことからも、監視カメラの一貫した増加の特異性を確認できる。

＊2　ヨミダス歴史館の読売新聞検索の全文検索（揺らぎを含む）を利用して作成した（二〇一一年三月一〇日作成、二〇一八年六月二〇日データの追加と確認）。一九八六年から一九八九年は昭和のタグからでも確認できるが、今回のデータはすべて平成のタグから算出した。

監視カメラは監視カメラと防犯カメラを合計した数を表す。生体認証はバイオメトリクスを含む。ゲーティッドはゲーティッド・コミュニティの略であり、ゲーティッドを含む。

＊3　『朝日新聞』の聞蔵Ⅱビジュアル for Libraries でも同じような結果を得ることができた（図3）。数値についてはシンプル検索を利用して算出した（二〇一一年三月一〇日作成、二〇一八年六月二一日データの追加と再確認）。各カ

テゴリーはヨミダス歴史館と同じ基準で算出した。

＊4　本書において「監視カメラ」とは、作品の制作や個人的な用途のためではなく、継続して公的な空間や不特定の人物を撮影・保存する機器のことを指す。この機器には他の名称があることは周知のとおりである。防犯カメラ、テレビカメラ、隠しカメラ、ビデオカメラ、ＣＣＴＶ（閉回路テレビ）、街頭カメラがその代表例だろう。このなかでとりわけ一般に普及した名称が防犯カメラと監視カメラである。

関口政志によれば、この二つの名称はカメラの機能のどの側面を重視するかによって区別できる。視覚機能を重視する場合は監視カメラであり、防犯効果を重視する場合は防犯カメラと呼ぶことになる（関口 2004: 135-136）。

本書は、後述するように防犯と監視カメラの関連性が必然的なものではないと考えること、またこの機器が広がった理由として、視覚機能が欠かせない役割を担ったと考えていることから、監視カメラという名称を採用している。

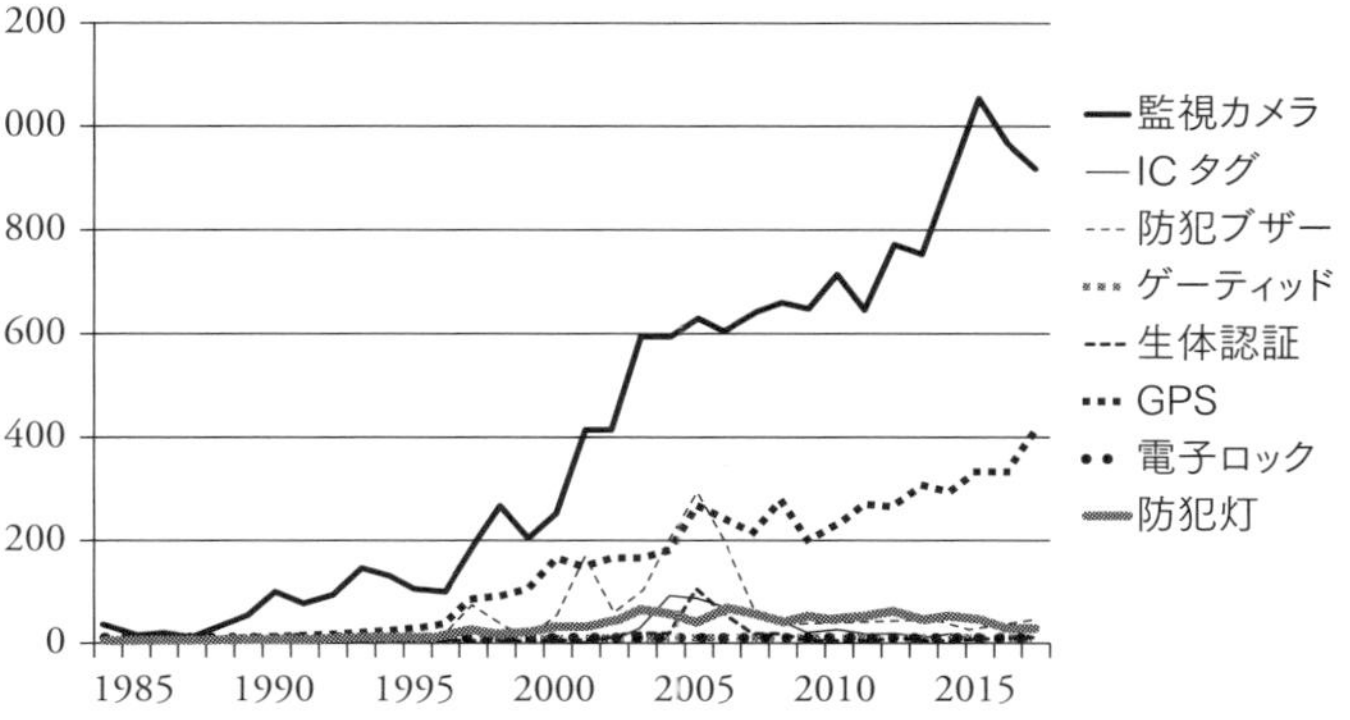

図３　防犯機器の記事数の推移（朝日新聞）

第1章　監視社会研究再考

1　はじめに

本書は監視カメラがなぜ社会に広がったのかという問いを検討する。しかし、そうした問いを立てれば、すぐに次のような疑問に直面するだろう。はたしてこの問いに意味はあるのだろうか。監視カメラの広がりには犯罪対策という解答がすでに用意されているのではないか、という疑問である。では、この疑問をふまえてもなお、本書が監視カメラの広がりを問うというのならば、それはどのようにして可能なのだろうか。

この手掛かりを得るために次のような事実を参照してみたい。それは、犯罪対策という解答を誰もが知っているにもかかわらず、監視の広がりを問い直す研究が今もなお次々に生み出されているという事実である。該当する研究は、G・オーウェルの作品を国家監視の典型例と解釈するような、正統派の監視社会批判やそれを引き継ぐものだけではない。一九九〇年代以降は監視社会論が、消費と情報のさらなる拡張という枠組みから、現代社会の構造的な変化として監視の広がりを分析するようになった。さらに、監視社会論の中心的な論者の一人であるD・ライアンは、こうした社会分析を基盤に多様な研究者と協働しながら、監視の広がりを考察する論点をいくつも挙げている。それは、監視をめぐる歴史、最新の監視技術とその進歩、映画をはじめとする大衆文化における監視の扱われ方、監視に対するさまざまな抵抗など実に多岐にわたる。ライアンは、それらすべてを含んだ研究領域として、「監視研究」という名称を提示している（Lyon 2007=2011）。これらの研究は、監視の広がりを分析する際に、犯罪対策とは別様の論点があることを示唆する。

同様の手掛かりは、方法論からも得ることができる。監視をめぐる論点が多様であり、ときに社会の構造的な変化が対象となるならば、それに合致する方法論が求められるだろう。こうした分析に合致する方法論として、ここでは批判的実在論を取り上げてみたい。

批判的実在論は実証主義や解釈主義とはやや異なる科学方法論だが、その分析の際に、対象となる現象を階層モデル（laminated model）にもとづいて把握する傾向がある（Bhaskar and Danermark 2006: 290-291）。現象を発生させるさまざまな要因は、実験室ではない開放システムとしての社会においては、経験的に観察ができるものもあれば、推論によらなければ把握ができないものもある。いわば、批判的実在論は具体的に観察ができる要因だけではなく、観察はできないが現象の発生に影響を及ぼすような構造的なメカニズムの実在性を想定するということである。そして、こうした観察可能性の度合いにしたがって、この方法論は分析の位相（domain）を三つに分ける（Danermark et al.［1997］2002=2015: 33）。

一つ目は、日常的な感覚によって現象を観察するような経験（the empirical）の位相である。監視カメラを犯罪対策と結びつける一般的な理解はここに属すると考えられる。

とはいえ、そうした経験的な観察は現象の発生にとって必ずしも意味があるとは限らない。私たちの経験や介入の有無から離れたところにも、現象を発生させる要因は別に存在しうる。そうした要因を検討するために、批判的実在論は現実（the actual）という二つ目の位相を想定する。日常的な理解をこえて監視カメラの効果や役割を意味のある水準で理解しようとするのならば、例えば詳細な統計分析のように、この位相を視野に入れて分析を行うことになる。

さらに、これらの位相における観察や分析によってはその全体像を捉えきれないが、現象の発生の基層をなす実在（the real）という三つ目の位相についても、批判的実在論は分析に含めるべき重要な論点だと認める。それはあらかじめ現象との関連性を想定できるような要因の分析には還元できない超越的な位相であり、社会学的な分析においては、現象を発生させる文脈を見定める位相と言い換えてもいいだろう（Decoteau 2016: 77）。そのために、この位相においては、監視カメラに注目が集まるようになった社会の構造的な変化が問いの対象になる。

こうした方法論を参照するのならば、監視カメラの広がりもまた、犯罪に対する効果の位相に分析を限定する必要はない。実際に、監視研究の基盤をなす監視社会論は、個別の監視の効果やその技術的な発達ではなく、多様な監視との間で相互に影響を及ぼし合いながら変化する社会の分析だった。

このように、監視の広がりに関する別様の分析は、社会という文脈の変化を視座の中心にすえたものだった。本書もこれを引き継ぎ、監視の広がりを社会的な変化との関係のなかで理解しようと試みる。そのために、本書は監視研究の基盤である監視社会論との間に連続性を見出してみたい。また、監視社会論とはやや論点が異なるが、やはり社会的な変化に言及してきた監視社会批判についても考慮に入れておく必要があるだろう。そこで、本書は監視社会論と監視社会批判を「監視社会研究」としてまとめ、その系譜に自らを位置づけて監視カメラの広がりを検討する。

それでは、監視社会研究は監視カメラの広がりをどのように捉えてきたのだろうか。具体的な分析に進む前に、監視社会研究が検討してきた内容をまずは踏まえておこう。監視をめぐる社会の分析にはいかなるものがあり、本書はそれらとどのような関係にあるのだろうか。本章は、監視社会研究を概観しつつ、それらとの差異に言及することで、本書がなぜ具体的な地域活動の事例を用いるのか、またその意義はどこにあるのかを明らかにする。

ただし、監視社会研究の系譜を引き継ぐとしても、ここで監視カメラと犯罪の関連性にまったく言及しないとすれば違和感が残るだろう。そこで、本章はまずこの論点についてもう少し詳しく検討し、一つの解答を得ておこう。それは社会学的な分析にとっては非常に基礎的な内容かもしれないが、監視社会研究に移行するための準備作業にもなるはずである。

2　監視カメラの効果研究とそれを支えるもの

本書は冒頭において、監視カメラの代表性を示すためにいくつかの防犯機器のデータを確認した。それが暗黙裡に示すように、監視カメラが犯罪と強い関連性をもつという理解は広く共有されていると考えられる。監視カメラの急速な拡大は、犯罪対策の必要性が生じたためである。それが監視カメラの広がりに対する一般的な解答だった。

たしかに二〇年ほど前から、こうした解答は論文や報道などで散見されるようになる。例えば二〇〇三年のある論文においては、近年「犯罪認知件数の急増」が発生しており、監視カメラにはそれを減少させる効果が認められるために、「地元商店街などから防犯カメラ導入の声が上がったのは、当然であった」と指摘されていた（前田 2003: 161）。それは犯罪の増加と監視カメラの効果という二つの要素を原因と結果としてつなぐ説明であり、監視カメラに関する日常的な理解とも近似したものだろう。

しかし、実のところ、これと同時期に書かれ、現在まで残されている資料を読み直すと、この原因と結果にはそれぞれ留保がつけられる。そのことを明らかにするために、順序は逆になるが、まずは結果である監視カメラの効果に着目してみよう。

監視カメラがもたらす効果は、これまでも具体的な数値として示されてきた。上記の論文にはその典型例が示されている。そこでは、新宿歌舞伎町に設置された監視カメラに「凶悪犯については、……三分の一に減少」させる効果が、「侵入窃盗についても、……六〇％以上の減少」をもたらす効果があったと指摘される（前田 2003: 161）。こうした監視カメラ拡大期に提示された資料は、とくに大きな影響力をもち、現在に続く私たちの理解をある程度形作ったと考えてもいいだろう。

ただし、こうした資料を読解する際に注意すべき点がある。それは、提示された数値が検証されたものかという点である。日常的にもよくあることだが、私たちはある二つの数値の変化に気づき、それらを経験的な理解に即して結びつけることがある。しかし、単純な数値の並列が、必ずしも現実的に意味をもつとはかぎらない。それが意味をもつとすれば、一定の検証を経た後である。

一つの事例を参照しておこう。逸脱行動論の前史として周知の事例だが、一九世紀にC・ロンブローゾは、犯罪歴の有無と、頭蓋骨の容量や顔相をはじめとする身体的特徴との関連性を数量的に分析し、そこに意味があるとみなした。つまり、ロンブローゾは頭蓋骨の容量が少ない者や「顔つきが歪んでいる」者は犯罪者になると考えたのである（Darmon 1989=1992: 55-57）。しかし、後にそうした分析はあまりにも他の要因、とくに生活環境や社会制度を無視したものだと批判されるようになり、ロンブローゾの分析は根底から否定されるようになった。

ロンブローゾの問題は、手続きや採用した分析手法が未成熟だったことも確かだが、それ以上に、仮説の焦点を身体的特徴という筋違いなものに合わせたために起きた。ただし、そのことをすべてロンブローゾの責任に帰することはできない。なぜなら、身体的特徴に焦点を合わせることは、白人男性を頂点とした人種的なヒエラルキーを社会進化の度合いと同一視する社会においては、それほど奇異ではなかったからだ（Darmon 1989=1992: 231-232）。この社会において、ロンブローゾの仮説は日常的な理解にとっても、そしてそれをある程度は踏襲してしまう科学的な理解にとっても、妥当性がありそうなものだったのである。しかし、この事例が示すのは、そうした理解が現実的に妥当であるとは限らないということである。

実のところ、監視カメラの防犯効果について基礎的な検証がなされていないことを、ほとんどの資料が認めている。監視カメラの効果を示した上記の論文も、数値については設置前後の二年間のみを対象としており、今後の検証が必要だと明示する。だからこそ、街頭の監視カメラと密接な関連がありそうに思える「数としては最も多い非侵入窃盗については、……一応の効果が認められるが、凶悪犯や侵入盗に対する程、絶対的なものではない」という結論もあわせて示されていた（前田 2003: 162）。

このような留保をつけた記述はそれほど珍しいものではない。二〇一四年の新聞記事では、ある地域の街路に監視カメラの設置をはじめたところ、「犯罪認知件数は〇一年の……ピーク時から半減した」と報じられた（『朝日新聞』二〇一四年四月二五日）。しかし、この記事は同時に、それが「防犯パトロールや清掃活動とともに推進されてきた」ことにも言及していた（同上）。このように、監視カメラの効果を強調する資料は散見されるが、そのほとんどは単純な集計にもとづく防犯効果を提示し、同時に何かしらの留保をつけるという構成になっている。

同型の資料が繰り返し生み出される背景には、防犯効果の検証に一定の困難がつきまとうという事情があると考えられる。街頭に設置された監視カメラは、屋内や撮影対象が限定される他の監視カメラに比べても、より多くの社会的要因を考慮せざるをえない。その一例として、警察が把握した犯罪の件数を表す、犯罪認知件数そのものが大きく変化していることを挙げてもいいだろう。周知のとおり、日本における犯罪認知件数は、二〇〇〇年代前半から、監視カメラを設置していない地域も含めて急減している。そのために、設置地域における数値の変化を監視カメラに求めようと思えば、少々込み入った分析が必要となってしまう。

同様の困難は他の要因によっても引き起こされる。すでに上記の新聞記事が指摘していたが、ある地域が監視カメラの設置と並行して進めた他の防犯活動もその一つだ。監視カメラを設置した地域では、他の防犯活動が推進されていることも少なくない。そうした地域において犯罪認知件数が減少したとしても、それがどの要因によるものなのかを判定することはすぐにはできない。また、地域の外部にも犯罪認知件数の減少と関連しうる要因は多数あり、挙げればきりがないだろう。犯罪と直結する要因としては、更生保護や福祉の領域における法制度や実務の変化、あるいは民間活動の充実などが、もう少し広範な社会的要因を含めれば、日本における教育施策や人口構成、相対的貧困率の変化といったものまで犯罪認知件数の増減と関連してしまう。

こうした困難があるために、実は監視カメラの防犯効果に対する評価は資料によって揺れ動く。資料によっては効果に関して、上記とは正反対の結論が示されることがある。例えば、二〇〇三年の『セキュリティ研究』という防犯機器の業界誌においては、ある商店街振興組合の事務局の「犯罪の抑止にはなっていないと思います」という現場の声が紹介された（セキュリティスペシャリスト協会編 2003: 25）。また、二〇一五年の論文においては、ある小都市の事例ではあるが、監視カメラについては「具体的な実証的データによる検証方法も未確立のまま」であり、設置した地域において具体的に犯罪認知件数の増減を示す資料が見つけられないと指摘された[*1]（三宅 2015: 48）。

このように、驚くべきことかもしれないが、これまでのところ日本の路上に設置された監視カメラについて、意味のある検証はそれほど行われていない。ここまで人びとの関心を集め、広範に設置されているにもかかわらず、現時点で監視カメラの効果は不明瞭なのである[*2]。

これに対して、海外においては公共空間に設置された監視カメラの分析は比較的進んでいる。ただし、その結論は日本の現状とそれほど異なるものではない。監視カメラの効果については、さまざまな研究が蓄積された海外においてもそれほど明瞭とは言えないからだ。有名な反証例を挙げれば、C・ウェルシュとD・ファリントンは、駐車場のように範囲が限定され保護する対象が明確である場合には一定の効果を確認できたが、それらが不明瞭な街路などでは十分な効果を確認できなかったと指摘している。そして、「全体的には、監視カメラが犯罪を減らすのはわずかな程度まで」であり、いくつかの分析を総合するとその「防犯効果は四％」にとどまるという結論に至っている（Welsh and Farrington 2003: 133）。イギリス内務省から研究委託を受けたB・ブラウンの調査においては、地域によっては通行人を対象とした窃盗が減る代わりに車上荒らしが増える、あるいは周辺地域に犯罪が移転するという結果も示された（Brown 1995: 45）。

もちろん、効果の有無は設置後にはじめて判明するものであり、設置に向かう動機を説明するものではないとも考えられる。その意味で、監視カメラの広がりを説明するためには、原因である犯罪の増加こそが重要なのかもしれない。しかし、こちらについても留保はついてしまう。というのも、犯罪社会学においては、監視カメラの拡大期にあたる二〇〇〇年前後の犯罪認知件数の急増は、統計上のものであり、現実を十分に反映しているかは疑わしいという解釈が支持を得ているからだ（岡邊 2014: 45）。

こうした解釈の要点は主に二つにまとめられる。一つは、犯罪認知件数の急増に見える統計が、あらゆる犯罪を累積した単純な集計でしかないために、その内容を精査して軽微な犯罪を取り除けば、増加はある程度穏当な水準にまで引き下げられるというものである（河合 2004: 41）。もう一つは、精査を経て残った増加分については、警察活動の影響を受けた結果だと解釈できるというものである。犯罪認知件数に限らず、行政の作成する公式統計が公的機関の活動方針によって影響を受けることはよく知られている。例えばいじめの統計のように、統計の定義を被害者に寄り添ったものに変えれば、いじめの件数は急速に増加する。警察活動についても同様である。警察が事案の発生後だけではなく、市民に寄り添って早い段階から対応をするようになれば、これまで算入されなかった事案が公式統計に反映される。浜井浩一は、治安に積極的な意義を見出しうる「市民警察」化が、まさに一九九〇年代後半に起きたと指摘した（浜井 2011: 46）。このように、二〇〇〇年前後の犯罪認知件数の急増は、統計の解釈や集計によって、現実には発生していない変化が表出してしまったという解釈が支持を得ている。

では、こうした留保の存在があるにもかかわらず、なぜそれが前景化せず、監視カメラの一般的な理解は広がりえたのだろうか。その答えになると考えられるのが、「犯罪不安」という監視カメラの効果研究が共有するもう一つの論点である。監視カメラの効果を強調しながら、一定の留保をつけていた資料、とくに監視カメラの拡大期である二〇〇〇年代前半までの研究は、犯罪の増加と防犯効果を同時に支える論点として、犯罪不安に度々触れていた。効果の提示を目的とする研究であっても、その前提として「体感ていたのである。

治安の悪化」や「安全神話の崩壊」あるいは「日本社会の構造的な変化」のような社会的な変化に言及し

犯罪不安という論点が、監視カメラの一般的な理解に果たす役割は大きい。人びとの意識の変化を説明のなかに組み入れることで、犯罪の増加と監視カメラの効果をつなげる際に、数値の妥当性にそれほど配慮する必要がなくなるからだ。原因論に関しては、犯罪不安という論点があれば、犯罪認知件数が実際には急増していなくても、監視カメラの広がりを説明することができる。防犯効果に関しても同様である。犯罪不安という動機があれば、監視カメラに具体的な防犯効果があるかどうかはそれほど重要ではないからだ。一定の効果が見込めそうならば、犯罪不安を軽減しうる一つの手段として、監視カメラに言及することにそれほど違和感はないだろう。このように、犯罪不安という論点が原因論の前提に加わることで、犯罪の増加と防犯効果の不透明性は前景化を免れてきた。

しかし、こうした前提を付け加えることで、監視カメラに対する一般的な理解は、少なくとも二つの問いを開くことになるように思われる。まず、なぜ監視カメラは「一つの手段」以上の存在になったのかという問いがある。冒頭で確認したとおり、さまざまな防犯機器のなかで監視カメラは突出して社会的な関心を集めた。それは単純に防犯効果を強調した資料が流通した結果だったのだろうか。あるいは、監視カメラに何かしらの特性があったためなのだろうか。その特性を犯罪や防犯に求めることが難しいのならば、別の観点からそれを把握できないだろうか。

もう一つは、より大きな問いだが、なぜ犯罪不安は成立したのだろうか。もし、犯罪の増加と監視カメラの効果という論理を下支えする前提として社会的な変化に言及するのならば、その変化の様相について直接的に問うこともできるだろう。それを監視カメラの効果研究ではなく、社会分析を基盤としたものに求めてもかまわないはずである。

3 近代化と国民国家による社会の監視

監視の広がりと社会の変化の関係については非常に多様な研究が行われているが、そのなかでもっともよく知られているのは、国家による市民の監視を批判する研究だろう。

全体主義国家に対する批判にはじまり、「監視社会」という用語を作ったG・マークスの論考を経由して（Marks 1985: 21）、E・スノーデンによる国家監視の「暴露」に至るまで（Greenwald 2014=2014: 88）、監視は国家権力が市民を強制してその自由を奪うものと一般的に考えられてきた。そこでは、監視カメラもまた、国家による市民の監視をより巧妙に実現するための新たな技術という位置づけを与えられてきた。

こうした監視社会批判は、現代においてさらにその重要性を増している。情報技術の発達は、個人による情報機器の利用をこれまで以上に促したが、それと同時に、国家をはじめとする集団にも大きな権力をもたらしたからだ。二〇世紀の国家には不可能だった圧倒的な情報の収集が、まさに現代では可能になりつつある（田島 2017: 31）。もし、このような監視の拡大が不透明なまま急速に進み、国家と市民の力関係を変えてしまうとすれば、国家権力に対する批判を継続することには重要な意義がある。監視の拡大が社会に流通する情報の量や質を変え、自由の権利と結び付く諸制度の変更があまりに容易になるならば、近代社会が形成してきた価値もまたしだいに浸食されてしまう。監視社会批判はこうした懸念を共有している。[*3]

ただし、監視社会批判は、結論ではなく論理の枠組みという点に関してはそれほど一枚岩ではない。国家による監視を批判的に捉え直すことについては共通した理解がありながら、国家をどれほど独立した説明要因とみなすかという点で、監視社会批判には幅広い差異がある。この差異の両端には、国家がみずから積極的に監視を求めていると考える議論と、国家による監視もまた社会の質的変容によって要請されたと把握する研究があると言ってもいいだろう。前者が国家権力の影響を直接的なものと考え、その膨張に対する批判を目的とする議論であるのに対して、後者は国家の役割を媒介的なものに限定し、むしろ監視を拡大する国家がなぜ成立してしまうのかを問う社会分析である。もちろん、ほとんどの研究はこれらの中間地点に位置するものだが、社会の質的変容の検討を重視する社会学的な研究においては、比較的後者を考察の中心に据える傾向にある。

その有力な議論の一つは、近代化の進展とともに成立した国民国家が社会の監視化を促進したと捉えるものだ。A・ギデンズによれば、近代化は資本主義、技術、コミュニケーションの発達が相互に関連し合った複層的な過程だが、それらは社会のダイナミズムを急速に増大させたという点で一致する（Giddens 1985=1999: 200）。周知のとおり、資本主義が土地や労働力を商品化するなかで、それと並行して進展した技術革新は、機械化と電気エネルギーの使用による商品の大量生産と輸送を可能にした。さらに、電信の発達は生産と輸送のためだけではなく、社会的なコミュニケーションを時空間の制限から解き放った。こうした過程は多様な意味を含んだ「自由」概念の拡充をもたらし、暴力の保持に依拠した固定的な階級支配を突き崩していった。

ただし、こうした近代化の過程は増大したダイナミズムを管理する統治機構の強化を同時に促した。拡張された時空間と膨大な情報は、それをまるごと引き受け調整する巨大な公的機関なしには、再帰的に構成されえないからだ。鉄道などの高速輸送システムを例に挙げれば、輸送の広域化は、路線図や時刻表と標準時間という序列化された指標をともなうことで、はじめて予測や計算ができるものになり、きわめて遠く離れた時空間を一つの社会として統合できるようになった。郵便や電信などの制度、あるいは労働力や家庭の管理を目指す保健衛生、さらには正常と逸脱を測定する官庁統計の発達も、これと同じ文脈から理解できる。近代化は途方もないダイナミズムを社会にもたらしたが、同時に各種の技術を通して、国民を監視・管理する統治機構の発達も促したのである。

こうした議論はM・フーコーの統治性論とある程度重なる（Foucault 2004b=2008: 81, 180-183)。ギデンズの議論を単純な国家権力の増大と捉えないためにも、ここでフーコーが主体や生の問題を重視したことを確認しながら、近代化と監視の相補的な関係をもう一度整理しておこう。

フーコーの主体論のなかでとりわけ有名なのは「規律訓練」という概念であり、典型例は特殊な監獄のなかで、ある種の身体を構成する技法として示された（Foucault 1975=1977: 202-205)。その要点は、つねに看守の監視がはたらき、逸脱行為に対して迅速に罰が与えられる状況下では、囚人はしだいに自らを監視する身体をもつようになるというものである。つねに看守の監視がはたらくのは、この監獄の形状が、囚人から看守の姿が見えず、逆に囚人の姿はつねに明りに照らされるようにできているからである。この施設のなかで、囚人は常態的な監視を前提とした動作やふるまいを身につける。いわば、それは看守のまなざしを自らの内部に引き受けることと同義であり、それに慣れるということは、もはや意識することもなく、自らのまなざしの下で規範を遵守する身体を得ることを意味する。これは特殊な監獄の事例かもしれないが、近代社会の出立期に成立した、学校、病院、工場、兵舎などにおいても同型の技法は用いられていた。まなざしの不均衡によって規格化された従順な身体は、至るところで繰り返し構成されていたのである。それは、近代の支配が個々の身体の自発的な監視を通してはじめて可能になったことを表す点で、非常に重要なものだった。

また、この自己の監視は、集合的な指標にもとづいて社会の防衛を目指す「生権力」という知のあり方によっても補強された。例えば、正規分布を典型とする社会統計は、逸脱を分類する定義を作り出し、それを社会的な排除の対象にするとともに、将来における逸脱の発生リスクを予防するために「正常」な生を推奨する知を構成した。そして、それが専門知として流通することで、日常における身体の管理を促進させたのである。いわば、近代社会は生の増大を掛金にすることで、自らを監視する自発的な主体を彫琢したのである（Foucault 1976=1986: 116, 141-145）。

N・ローズはこの議論を引き継ぎ、自発的な自己の監視は二〇世紀以降、さらに微細かつ広範なものになったと指摘した（Rose［1989］1999=2016: 367-374）。集合的な指標によって方向づけられた生の充実という管理は、社会の心理主義化にともない、身体だけではなく、心の内奥に対しても適用されたのである。それは強制的な権力の様相からさらに遠ざかったように見える管理であり、学校や家庭あるいは児童を保護する施設において、市民自身とその子どもの福祉のために、カウンセリングや診断を通して、自らに何が足りないのかを心に問いかける主体を生み出した。また、このよりよき生は、福祉国家の充実とともに広範に通用する社会的なニーズと位置づけられ、医療や福祉の関係者による診断・治療や生活相談・支援によって日常のあらゆる領域に広がった。さらに、福祉国家が批判され、より個人の自由な選択が重視されるようになると、心を知る技法の援助を受けながら、日常においても市民は自らを監視して欲望を構成し、消費社会が用意した標準的な商品とサービスの範囲のなかで、希望する選択肢を購入した。それは近代化が推し進めてきたダイナミズムと監視の現代的な様相である。このように、ローズはフーコーの権力論を延長することで、国家と主体を経由した生活領域の監視化が現代において、さらに広がっていることを明らかにした。

　これらの議論を援用すれば、なぜ人びとが監視カメラを受容し、自ら設置するようになったのかという本書の問いに一定の解答を与えることができる。近代社会は不断にダイナミクスを増大させているが、それを秩序づけるためにつねに統治の機構や知を要請する。また、その統治を達成する際には市民自身の主体的な関与が想定される。主体による監視は現代においてますます深く微細な社会生活にまで浸透するようになっていることから、そのための技術が日常の生活領域にまで浸透したとしても、なんら不思議ではない。ローズは、こうした人びとの自発性に媒介された統治性の現代的形式を新自由主義と呼んだが（Rose 1996: 53-55）、そうした権力がこれまで以上に浸透する社会においてこそ、監視は急速に広がっていくと考えられる。

以上のように、この枠組みは社会の質的変容が新たな統治機構を発達させ、それが主体の自発的動員をともなうことに着目する。それにより、全体主義国家による暴力の貫徹というモデルとは異なる枠組みから、現代における監視の広がりを説明し、幅広い層の住民が監視に高い関心を寄せるような現代の社会状況を理解可能なものにしている。

4　消費社会と技術による情報の管理

それに対して、また別の枠組みから監視の広がりを明らかにしようとする研究もある。それが監視社会論であり、それが着目するのは情報技術と市場である。

監視社会論によれば、主体を論じるモデルが単純な統治機構の強制論に陥らないようにするには、個人の内面や身体に対する自発的な監視こそが権力の最大の関心だと指摘する必要があった。だが、具体的な水準で考えれば、こうした監視は不完全なものである。なぜならば、個人の内面や身体は不随意で可変的であり、相互行為の場面では規範に沿わない振る舞いや半意識的な反発の余地が残り、それが自発的な管理の要請を覆すさまざまな抵抗につながることもあるからだ。

しかし、こうした問題は生体認証をはじめとする新たな情報技術によって解消されつつある。というのも、新たな情報技術は個人に影響を与えずとも作動できるからである。例えば、本人が気づかないうちに生体情報や行動範型などの個人情報を収集すれば、以後はその個人が空間を移動するたびに本人照合を行い、その出入の可否を事前に判定することもできる。判定の結果、もし不適合となれば、それに合わせて通路を変更し、当初の入口がそもそもなかったかのように空間を構成するといった予防的制御も技術的には可能である（Deleuze 1990=1992: 299）。つまり、ここで監視の対象となるのは個人ではなくその情報であり、それに基づいた予防的な制御こそが社会的な課題となる。性犯罪者の属性や居住地のオンライン公開、検知器を使った移動制限、あるいは可視性を確保した公共空間や動線の確保に代表されるような居住環境の整備は、こうした監視と制御の実例である。

また、この予防的制御は人びとの自己のあり方にも独特の影響を及ぼす。収集された個人情報は、さまざまな機関や組織において蓄積され、相互に接続されることで、散在しながらも体系的な「データベース」を徐々に形成する。このデータベースは、上記のように本人の判定や事前の制御に役立つのはもちろんだが、それ以上に過去の情報を参照することで、対象となる個人の理想像を予測できるという特徴がある。例えば、ポイントカードやインターネット上の購入履歴を企業が収集し、購入した個人の属性、他の購入履歴と掛け合わせて把握できる生活習慣、経歴、性向を読み取って商品開発に利用したり、さらにその個人が好みそうな商品を広告したりする、という実例を私たちはすでに経験している。このようにデータベースは、国家のような中心化された監視の作動主体を前提とせず、また対象となる個人に内省的なまなざしを備えるように要請したりはしない。むしろ、データベースは、快楽をともなう消費や記号の享受を進めるように、人びとに「呼びかけ」を行うのみである（Poster 1996: 186-187）。個人は自らの生活の便宜のためにそれに応答し、個人情報を差し出すことになる。[*4]

さらに、監視社会論は、こうした権力の形式を指摘しながら、それがなぜ現代社会において広まるのかについても論じている。D・ライアンによれば、上記の権力が発達した背景には、情報技術の広がりはもちろんのこと、それに加えて、消費社会の形成が大きく関係している（Lyon 2001=2002: 112-114）。というのも、上記の情報技術は国家以上に私企業や、消費者として多様な商品を享受したいと願う諸個人によって主に担われているからだ。

あらゆるものを商品に転換して、人びとの欲望を喚起する消費社会は、地域ごとに異なる規範をもつ多様な諸空間を一つのグローバルな市場に配列し直すとともに、それを可能にするさまざまな情報技術を発達させ、国民国家の限界を超えて広がる、多様で緊密な私的コミュニケーションを可能にした。しかし、それは同時に新たなリスクを社会にもたらした。インターネットのように、身体の共在しない場面におけるコミュニケーションは、相互行為における従来の信頼の基盤を欠き、一定量のデータのみに依拠している。そのために、その急速な拡大によって個人間の交渉は非常に不確実なものと映るようになってしまったのである。そこで、交渉の信頼性を確保するために、データ利用者の属性と交渉の成果を確認する手法、すなわち情報技術にもとづく新たな監視が必要となった。いわば、これまで分割不能だと想定されてきた個人の身体すらも、現代では流動的なものとなったために、それを制御し、個人情報にもとづいた可視性を確保するような、監視の技術が求められるようになったのである。

もちろん、情報の利用はオンラインの世界だけにとどまらない。移動や消費の自由が不断に拡大する日常の生活領域に対しても、こうした技術は大きな意義をもつからだ。クレジットカードやＩＣパス、そして街路の監視カメラなどの使用があらゆる場所に広がり、それらを通して個人情報の保存と利用が行われる。個人情報は、不確実性が遍在する現代社会においては数少ない信頼の基盤となるために、さまざまなところで保存すべき対象として注目を集めているとライアンは指摘する（Lyon 2007=2011: 65-66）。

東浩紀は、消費と情報にもとづく新たな社会の統制を「環境管理型権力」と名付けた（東 2002: 262）。それは国家の統制や主体化による内面の規律という枠組みを用いることなく、個人の自由を損なわないように、だが社会的な制御を可能にする権力のあり方を表現しようとしたものだった。

このように、国家と主体という論点から離れることで、監視の広がりに対する新たな理解が可能となった。程度の差こそあれ、これまでの監視社会批判はいずれも市民の強制や動員という枠組みを維持していたが、監視社会論によって、なぜ人びとが不平の声を上げることなく監視が拡大するのかという、きわめて現代的な監視のあり方について検討することができるようになったのである。

監視社会論は、社会の質的変容をグローバルな消費社会がもたらす急速な不確実性の増大という論点に結びつけた。それにより、個人を情報に分割して捕捉し、またそれを予防的な管理のために応用する新たな権力が急速に拡大することを明らかにした。現代における監視技術の拡大は、こうした権力の社会的な広がりを象徴するものだったのである。

なぜ監視カメラが広がるのかという本書の問いに対しても、この枠組みから一定の回答を得ることができる。これまで以上に消費社会が進展し、不確実性が急速に増大する現代社会においては、あらゆる場所で人びとの自由を制限することなく、自動的に侵入者の情報を入手し、対策に応用できる技術が配備されることは当然だと考えられるからだ。また、人びとは自らが欲望するものを、安全に購入するために、個人情報を差し出すことをいとわないだろう。あらゆる監視技術がそうであるように、近年の監視カメラも予防や事前の制御を目指しており、だからこそこの技術は防犯カメラと呼ばれるようになった。今ではそれが存在することすら気づかせないものになっている。このように、監視社会論は、現代社会における監視の広がりや監視カメラに対する違和感の低下などの現代的な動向を理解可能なものにしている。

5　本書の視座

監視社会論のように、新たな枠組みにもとづく監視社会研究が進展したことで、監視社会という概念は近年ふたたび脚光を浴びるようになった。さらに、監視社会論は排除社会論や新自由主義批判にもつながり、議論の射程を広げている。例えば、行政が「安全・安心」を喧伝する地域政策を展開することで、結果的に住民が自発的に監視の拡大に寄与してしまうという事例をもとに、現代の国家政策による地域社会の動員の過程を描出する研究がある（Coleman 2003, 吉原 2007)。あるいは、格差を是認する自己責任論の普及や消費の拡大を目指した都市空間の再編がいかに監視の広がりと親和的であるかを明らかにした研究も確認できる（Davis 1992=2001, Zukin 1995, 酒井 2001, 渋谷 2003, 阿部 2006)。それらはいずれも監視社会論とやや異なる枠組みや対象を用いながら、現代社会において監視が広がる様相を批判的に検討している。

このように、監視社会研究が果たしてきた役割には大きな意義があった。監視社会批判と監視社会論はある程度共通する部分をもちながら、それぞれ監視の広がりに着目し、それを社会的な変化と結びつけて理解してきた。それにより、「社会の監視化」とも呼べる現象を批判的に検証することができただけではなく、監視の広がりを幅広い観点から理解し直す基盤を提供することができた。

つまり、監視社会研究は効果研究が開いた、社会的な変化とはいかなるものかという問いに対して、いくらかの解答を与えたと考えることができる。犯罪不安とは社会的なダイナミズムあるいは不確実性の増大の一つの表れであり、監視の広がりとはそれを制御・管理するものが日常化した結果だったのである。だが、そうした理解にも課題は残りそうである。というのも、効果研究から開いたもう一つの問い、すなわち、なぜ監視カメラにばかり社会的な関心が集まったのかという問いには、監視社会研究は十分な解答を与えられないからだ。

あらためて振り返れば、国家と主体の関係性を重視する研究も、情報技術と消費社会を重視する研究も、さらには地域政策や都市空間の構造的な再編に焦点を合わせる研究も、社会の質的な変容を背景に監視の広がりを検討するという構成には共通するものがある。だが、監視技術一般ではなく、監視カメラを対象とする本書にとって、この点はつまずきのもととなる。というのも、社会の質的変容が認められ、社会の監視化が進展しているとして、なぜその象徴的な存在として監視カメラに人びとの関心が集まったのかという問いに、監視社会研究は十分に答えられないからだ。いわば、これまでの監視社会研究はあくまで監視の広がりを論じてきたのであり、監視カメラそれ自体に着目することはなかったということだ。

また、こうした課題だけではなく、監視社会研究は、社会の質的変容を重視することで、批判という論点を自ら掘り崩してしまうという問題も指摘できる。たしかに、監視社会研究は、抽象的な権力と人びとの自発性に着目することで、現代における監視の広がりを理解することができた。しかし、権力が抽象化し、人びとが自らの動機にもとづいて能動的に監視の過程に参与する以上、そこに参与する人びとは一方的に操作された存在とはみなしづらいという問題も成立する。正統派の監視社会批判が、巨大な統治機構と抑圧される市民の不均衡な関係性を前提としたのに対して、それ以外の監視社会研究は、人びとの生の充実、あるいは消費の快楽をとおして抽象的な権力が作動すると捉える。つまり、後者においては、人びとが社会の監視化が進展する際の主要な動因の一つだとみなされることになる。とりわけ、市場を重視する監視社会論においては、強制を行う統治機構はもはや存在せず、諸個人の欲望が監視を駆動させるのだから、社会の監視化は諸個人による自由な選択の帰結だとみなすこともできる。実際に、少なくない数の監視社会研究が、現代における社会の監視化は人びとの自由の拡大と相補的な関係にあるために、もはや監視を直接的に批判するのは難しいと指摘している（Lyon 2001=2002, 東 2002, 鈴木 2005, 三上 2010）。その論理はさらに監視を「必要悪」とみなす議論にもつながりうる。このように、監視社会研究は権力を抽象化したがゆえに、伝統的な監視社会批判を中和するような論理を展開せざるをえなくなっている。だが、監視の広がりは本当に「私たちの選択と受益」という観点からのみ論じてもいいのだろうか。

監視社会研究は監視を広げる社会を捉え直すために理論的な枠組みを精緻化してきた。それにより、現実を俯瞰的に観察し、経験的には確認できない隠れた論理を取り出すことができた。しかし、それはときに構築した図式に現象を還元し、重要な論点を取り逃がすことにもつながる。実際に、監視社会研究は先述したような社会の変容という視座から、あらゆる現象を一元的に理解してしまう。あるいは、場合によっては、その図式を調査研究に援用して、結果的に生活領域やそこに生きる人びとを社会の監視化に貢献する機能のように、限定的に取り扱ってしまう。言い換えれば、監視社会研究は確立した図式とそれに沿うように成形した「等質な個人」のみをその物語のなかに登場させてしまう恐れがあり、実際に具体的な生活を営む人びとの観点から監視の広がりを説明することはなかったということだ。

それに対して、本書はむしろこうした実践の水準に着目する。監視の広がりはいかに進展するのか。そこに関わるのはどのような人びとなのか。そして、そうした活動がどのような社会を構成していると考えられるのか。こうした視座から社会の監視化を捉え直してみたい。

先取りして言えば、この観点を採用することで得られる利点は少なくとも三つある。一つは、監視社会研究のように監視化を社会の質的変容の結果として単線的に理解することなく、それがいかなる実践の集積や反響から成立するのかという現象の形成過程に切り込めることにある。それにより、従来の「不安」や流動性を前提とした議論とは異なる社会の監視化像を明らかにすることができるだろう。

二つ目は、こうした過程や実践の位相に着目することで、あらゆる監視の技術を同一の観点に還元してしまうことなく、監視カメラのみが備える特殊な機制を取り上げることができるということだ。本書は以下で従来の監視社会研究の一部と同じくある種の「主体」の構成という論点に触れることになるが、監視カメラの特性に着目することで、「主体」の問題を自由の拡大と相補的なものとしてではなく、むしろふたたび批判的に捉えうるものとして理解することができる。それは、従来のような能動性の付与や喚起という自己の内面的な構成の問題ではなく、技術に媒介された「敵対性」の産出という「他者」と「共同体」の関係性に関わる問題としてまとめることができるだろう。これを明らかにすることで、本書は監視社会研究を再構成する方途を示す。

三つ目の利点は、従来の監視社会研究の枠組みにおいては社会の監視化に寄与する機能のように固定的に扱われてきた人びとを、多様な存在として捉え直すことができるということである。第3章以降の調査事例から明らかになることだが、社会の監視化が進展するなかでも人びとは実にさまざまな反応を示す。現場には、賛成論だけではなく反対論も存在しており、その絡まり合いの結果により監視カメラを設置するか否かは決まっているのである。本書はこうした意見の対立を含む人びととの反応の多義性やそれらが織りなす過程の紆余曲折ぶりに着目することで、現場に存在する反対意見や違和感に触れるだけではなく、それがときに社会の監視化を捉え直す重要な意味づけを成立させるという可能性の側面にも言及することができるだろう。

本書は社会の監視化を代表する技術である監視カメラを対象に、その設置をめぐる人びとの活動と語りに関する事例調査にもとづきながら、監視カメラの広がる現代社会とはいかなるものかを考察しようと試みる。もちろん、本書は監視カメラの広がりに関して、それ以上問う必要のない決定的な解答を用意できるわけではない。だが、これまでとは別様の論点を提示することで、監視社会研究とそれをめぐる問いを、もう少し豊穣にできるだろう。

注

＊1　監視カメラに関しては、それ自体の防犯効果ではなく、類似する他の効果、例えばまなざしによる犯罪抑止効果の研究が参照されることも少なくない（Bateson, Nettle and Roberts 2006）。軽犯罪の発生しやすい地点に鳥居や人間の目の書かれた用紙を配置し、人びとに意識させる研究がその典型例だろう。こうした研究はまなざしによって逸脱的な行為や軽犯罪の発生を抑止することを具体的な分析を通じて示した点で、監視カメラの防犯効果にとっても非常に示唆的なものであることは間違いがない。

ただし、やはり他の防犯効果を参照すれば、それとの差異があることに留意せざるをえない。まなざしの研究は、公共空間において、人びとに意識されずに撮影を行う監視カメラと、条件や概念上の定義が異なる。それぞれの技術はどのような逸脱に効果があるのか。軽犯罪以外にも効果があるのか。一定の期間を越えて、あるいはまなざしに気づかない者にも効果はあるのか。逆に、まなざしが過度に配置された地域を、人はどのように感じるのか。さらに、まなざしの効果と、逸脱や軽犯罪を行わずに済むような社会的条件を整備した場合ならば、どちらが有効なのか。こうした差異についても検証が必要となってしまう。まなざしの研究が非常に興味深いことは十分に認めながらも、それが監視カメラの効果を明らかにしているとまでは判断できない。こうした研究を参照したとしても、監視カメラの効果の成否については同じ困難に直面してしまう。

＊2　監視カメラにはもう一つ追跡という効果がある。だが、こちらに関しても防犯効果について検討した内容はおおよそ当てはまると考えてもいいだろう。経験的には効果を理解できるとしても、同時に監視カメラが「見逃した」逃走例を、とりわけ社会的に話題になった事件で、いくつも数えることができる。設置台数と追跡に成功した割合との関連性は、資料が公開されていないこともあり、まったく検証はなされていない。もちろん、たとえ分析がで

きたとしても、街頭の監視カメラだからこそ多数の社会的な要因が関わる点も変わらない。やはり、追跡効果に関しても、具体的な根拠を示すことは現時点では難しい。

＊3　次節で展開する監視社会論では、こうした直接的な監視の批判は、理論的な差異を明確にするためなのか、それほど重視されない傾向にある。たしかに、現代における監視カメラはあまりにも広範に広がっており、監視社会論が指摘するように、国家による監視カメラの設置と運用を強調することはそれほど妥当ではない。しかし、国家を独立した説明要因とせず、近代化のダイナミズムのうちに捉えることや、後で簡単に触れるように、地域施策や都市空間の構造的な再編への寄与という観点から捉えることは可能である。その意味で、監視社会論が指摘するほど、国家を説明要因とする研究に意義がないわけではない。

＊4　さらにそれが進めば、個人は「シミュレーション」の対象となる（Bogard 1996: 47, 63）。十分な量の個人情報があれば、未来の理想像すらも予測が可能となるからだ。極端にいえば、遺伝子情報から将来の性格や能力、交友範囲、寿命などをシミュレートして、逸脱や病気のリスクを予防的に除去することも不可能ではない。ここでは未来にわたって個人の情報や環境を見通すことが監視と理解される。こうした議論に関しては、M・ポスターとW・ボガートの他に（東・大澤 2003: 195）も大いに参照した。

第2章　監視カメラ表象の変遷

1　はじめに

　本書の冒頭において示したように、監視カメラは近年急速に社会に広がった。とりわけ、公共空間に大量の監視カメラが設置され、それが「普通のこと」と考えられるようになったのは、この二〇～三〇年間のことである。

　そして、こうした変化を象徴するものとして、さまざまな設置事例が研究や報道において度々取り上げられてきた。二〇〇二年から二〇〇三年にかけて設置が進められた新宿歌舞伎町の監視カメラはその代表例であり、監視カメラの公共空間への進出を表すだけではなく、設置台数が五〇台にのぼることからも、従来の事例とは一線を画す取り組みだと指摘されてきた。他にも、三〇〇〇万円をかけて六〇台を設置した江戸川区小岩の事例や、市域全体で六四〇台を運用する千葉の市川市などの事例が取り上げられてきた。

確かにそれぞれの事例は、これまでに確認できないほどの台数や費用をともなう大規模なものであり、社会の監視化の象徴として非常に興味深い。

しかし、これらの事例は、これまでの監視カメラ設置をめぐる変遷のなかに位置づけたときに、一体どのようなものとして捉えられるのだろうか。というのも、あらためて振り返れば、監視カメラの設置事例に関する研究や記事は、過去の事例について、それほど詳細に言及していないからだ。[*1] 公共空間に大量の監視カメラが設置されるようになった時期は実のところいつからなのだろうか。また、そもそも監視カメラという技術は何のために設置され始め、どのように広がったのだろうか。現代における監視カメラ増加の社会的な意義をもう少し正確に理解するためにも、ここで監視カメラをめぐる表象の歴史を把握しておくことは無駄ではないだろう。

そこで、本章ではさまざまな資料から監視カメラの表象がいかに日本社会に登場し、利用されてきたのかを時系列的に検討する。[*2] 具体的には、新聞を中心とした資料を取り上げ、それらの内容を順に確認することで監視カメラ表象のおおまかな変遷を確認する。また、そこに示される設置の主体、対象、理由、用途などを検討しながら、現代における監視カメラ表象の特徴に関する一定の傾向性を把握したい。[*3]

なお、本章は監視カメラ表象という表現を使用しているが、それは監視カメラそのものの変遷や特徴には触れられないことを意識しているからである。本章が取り上げる資料は、いずれも新聞や雑誌などにおいて公的に表象されたものであり、実際に各所の現場において設置・運用された監視カメラという位相とはある意味で関わりがない。むしろ、監視カメラという表象を、その都度の資料が、どのような対象として取り上げたかという概念的な変遷について、本章は確認することになる。[*4] ただし、そうした点を考慮しながらも、ここでは表象の差異の規則性やそれを可能にする文脈の分析を志向するのではなく、その目的を監視カメラ表象の変遷に関する基礎的な把握に限定する。

また、本章は以下において、公的機関と民間における使用例を分けて提示する。両者の事例には共通する点も多く、どちらに属するのか切り分けづらい事例もあるのだが、公的機関における設置事例の大半を占める警察と、多様な主体が監視カメラに関わることになる民間の事例においては、やはり相違点も少なくない。本章は、こうした相違点を明瞭にするためにも、便宜的に公的機関と民間を分割し、第2節と第3節においてそれぞれの変遷を確認する。また、これらの検討を通して、公的機関と民間において別々の意味をもつ監視カメラの用途や対象あるいは設置の主体が、現代においては混じり合いつつあることを最後に明らかにする。

2　公的機関による監視カメラの設置と普及

2−1　一九五〇〜一九六〇年代

現代の監視カメラに類似する役割を果たし、かつ比較的古くから社会に定着した技術を一つ挙げるとすれば写真になるだろう。一九世紀には、刑務所における使用例や（Norris and Armstrong 1999: 13-18）、C・ロンブローゾの犯罪人類学における使用例が記録されている（Darmon 1989=1992: 82）。二〇世紀初頭の日本においても、捜査の円滑化のために全国の警察署にカメラを配備する計画が報じられた[*5]（『読売新聞』一九〇一年六月一六日）。また、戦後になると警察官がカメラを持参して交通違反を取り締まるという活動や（『読売新聞』一九五四年六月二二日）、ヘッドライトの上にカメラを取り付けた「白バイ」の情報が伝えられていた（『朝日新聞』一九五八年六月二五日）。写真は一定の対象を撮影、保存する技術として、確かに監視カメラの源流の一つに数えられる。

しかし、監視カメラに類似する技術としては、写真の普及と並行して開発された「テレビ」にも注目しておく必要がある。一九三三年のニューヨークにおいて、車両で移動する警察隊に容疑者の指紋を伝えるために、過去に撮影した指紋の写真を遠隔地から映像で届ける技術として、すでにテレビが試験的に使用されていた（『読売新聞』一九三三年八月一九日）。それは対象を直接的に撮影するものではないが、テレビの開発・普及とともに、警察活動における利用が考えられていたことを示すものである。日本においては、一九五七年に「工業用テレビ」を災害時の警察通信設備として利用する計画が閣内において容認され、実験的な使用が模索されはじめた（『読売新聞』一九五七年一二月一一日）。

一九六〇年には、実際に「有線テレビの隠しカメラ」が新宿の交番に試験的に設置された。このテレビは、ビルの屋上に設置され、交番からリモコンでカメラを回転させる機能をもっており、拡大や縮小も可能だった。このカメラによって街頭の「グレン隊」を捕捉し、その映像が流れるモニターを写真で撮影するという使用法がとられていた（図1）。すでにこの時期に、テレビと写真は撮影と保存の役割を分担しながら、「街頭テレビカメラ」という名称で現代の監視カメラのような役割を果たしていたのである（『朝日新聞』一九六六年七月一日）。ただし、この二つの技術がこのまま役割分担をしながら進歩することにはならなかった。むしろ、一九六〇年代の資料を概観すれば、写真による保存という論点はそれほど重視されておらず、対象を目視するテレビの方が表象のなかで中心的な位置を占めていた。保存という論点については、撮影対象の画像が大きく取り上げられる一九七〇年代から一九八〇年代に注目が集まることになる。

目視が論点の中心になったのは、この時期のテレビの用途が捜査と防犯に限定されていなかったからだと考えられる。興味深いことに、この時期のテレビは花火大会の警備や、「交通マヒ」対策などの複数の用途をもつものとみなされていたのである（『読売新聞』一九六一年四月四日、七月二一日）。一九六四年一二月に警視庁の小松川署の屋上に設置されたテレビも、その理由は交通対策だった（図2）。資料によれば、小松川署の二五〇メートル西側にある小松川橋が常に交通渋滞を引き起こすことから、その解消を目指して小松川署が監視用のテレビカメラを設置したというのである。新任の交通課長がこの対策を発案し、設置後はモニターから現場を目視し、署員に交通整理の指示を出して迅速な対応にあたらせるという使用法がとられていた。警察署の屋上に設置されたテレビは、対象となる遠方の道路を監視するために「望遠テ

暴力団に光るテレビの目

動きを〝隠しどり〟

四月からまず新宿で

図1　『読売新聞』（1960年２月28日）

レビカメラ」とも呼ばれており、小松川署に続いて大森署も羽田街道と第一京浜国道の合流点にテレビを置いていた。

この事例においては、通過する車両の安全のために渋滞の原因となる車両を早期に発見し、迅速に対応することが重視されていた。それは同じテレビのまなざしであっても、街頭を行き交う「グレン隊」の違法性を注視し、ときに人物の写真を撮影・保存しようとしていた新宿の犯罪対策の事例とは質的な差異がある。この差異は「隠しカメラ」と「望遠テレビカメラ」という名称の差異としても示唆されていたと考えてもいいだろう。

交通整理にテレビ大活躍

故障車、すぐ発見

盛り場監視にも役立つ

図２　『朝日新聞』（1965年１月25日）

このように、保存が重視されず、目視と対応という論点が前景化していたという特徴は、他の事例においても認めることができる。同じく一九六五年には消防署が「リモコンテレビ」を消防署の望楼に設置し、管轄する地域における煙の発生を監視していた（『読売新聞』一九六五年八月五日）。また、警察の事例に戻れば、一九六七年の上野駅東口交番は、駅前の駐車禁止区域に侵入するタクシーを「忍者テレビ」で監視していたが、同時にスピーカーを通して立ち退くように注意し、「ほとんどの車はそれだけで退散」していた。さらにはスピーカーを使って署員が「乗客にも『タクシー乗り場は中央階段の下です』というサービス」まで提供していた（『読売新聞』一九六七年六月一五日）。ここでも証拠を残すことはそれほど優先されてはいなかったのである。

もちろん、こうした課題の早期発見と迅速な対応という論点と、犯罪対策と保存という論点は混在することもあった（図3）。池袋東口の交番に設置された「防犯用有線テレビ・カメラ」は、駅前の街路を監視するという用途に関しては新宿の事例と同じだが、そのまなざしは街頭犯罪のみにとどまらず、交通違反も含めた多様な問題を対象としていた。また、このテレビはそれらを早期に発見し、迅速に対応するための技術と理解されていた。テレビが街頭のどこにいかなるまなざしを向けるのかは、問題の発生や監視する者の判断に依存しており、その都度のあり方によってこの時期の監視カメラは意味を変化させることがあった。テレビはあくまで監視する警察官が操作する技術であり、その職務の範囲において、何が映し出されるのかは決まっていなかったのである。

テレビ・カメラ初手柄　池袋署

乱闘寸前にご用

六人〝なぜわかったのか〟

派出所内の防犯テレビ

図３　『朝日新聞』（1965年３月８日）

言い換えれば、この時期の監視カメラの特徴は、技術的には現代と同じような使い方が可能であったにもかかわらず、特定の意味と結びついていなかったということだ。もちろん、この時期においても、「初手柄」のように監視カメラの犯罪に対する効果を伝える資料は複数認められる（『朝日新聞』一九六五年二月一五日）。しかし、一九六〇年代を通して、そうした表象はわずかな数にとどまっており、同時に交通対策などの用途についても複数確認することができる。つまり、監視カメラは設置されたそれぞれの地域において、多様な目的に用いられうる物珍しい技術として紹介される域を出ていなかったのである。

また、監視カメラの台数がこの時期に大きく広がらなかったことも一つの特徴だろう。監視カメラは、警察署や交番から遠くの一地点を確認するという遠視の技術として理解されており、同一の地点において複数台が求められるものとしては位置づけられていなかったのである。

ただし、大阪府警が釜ヶ崎に増設していった「テレビカメラ」だけは唯一の例外である（『判例時報』1994: 128-129）。当時の釜ヶ崎においてたびたび発生していた暴動を理由に、西成署は一九六六年にはじめて同一地点に二台の監視カメラを設置した。暴動の発生を初期段階で確認し、迅速な初動対応を目指すために、西成署の一角に署員が常駐してモニター越しに周辺を監視することになったのである。その後、監視カメラは一九六七年に二台が増設、六九年にはさらに一台が増設されるなど少しずつ増加し、一九七八年には合計で一四台、最後の一五台目は一九八三年に設置された。その増加と並行して、一九七〇年代からは監視カメラが論争の対象となっていったのだが、この点については次節において展開しよう。

このように、公的機関における初期の監視カメラは、一九六〇年から言及されるようになった。その事例の大半は警察によるものであり、東京、神奈川、大阪のいくつかの道路や街路に、一部の警察署や交番が監視カメラを設置したこと、その理由に関しては、犯罪対策、交通対策、暴動対策という警察の職務に関するものが取り上げられていた。この時期の犯罪認知件数は一九七〇年まで増加を続けており、また少年の刑法犯の検挙人員数に至っては戦後のピークの一つを迎えていたにもかかわらず、テレビによる犯罪対策という表象は大きく広がることはなかった。むしろ、この時期の監視カメラは、対象とする人物や地点を遠方から早期に発見し、迅速に対応するという目視の代替物であり、それが多様な課題の解決につながるという期待が表象の中心を占めていた。

2－2　一九七〇～一九八〇年代

一九七〇年代に入ると、金融機関を中心とした民間の店舗において犯罪と関わる監視カメラの使用例が急速に増加した。大半は都市部の事例であり、それと反比例するように警察がテレビカメラを街頭に設置するという表象は、むしろ一九六〇年代よりも減少した。監視カメラ表象のなかに民間の店舗が登場することにより、警察の役割は民間の監視カメラが捕捉した容疑者に対応することにいくらか移行したのである。このように、この時期から公的機関と民間の役割分担、あるいはさらに一歩進んで、監視カメラをめぐる地域の協働が言及されるようになっていた。

実際に、警察と民間の協働に関しては、この時期に一九九〇年代以降を先取りするような事例も認められた。例えば、東京都心部の七ヶ所において、「地元有志」と防犯協会、警察署が連携して複数台の監視カメラの設置を立案し、それを交番や警察署が運用しはじめたと伝える記事がある（『朝日新聞』一九七六年九月一四日）。しかも、その設置の理由は、「夜間過疎地域」であるにもかかわらず「人通りが絶え」ず、凶悪事件や粗暴犯が発生していることに対する不安だった。

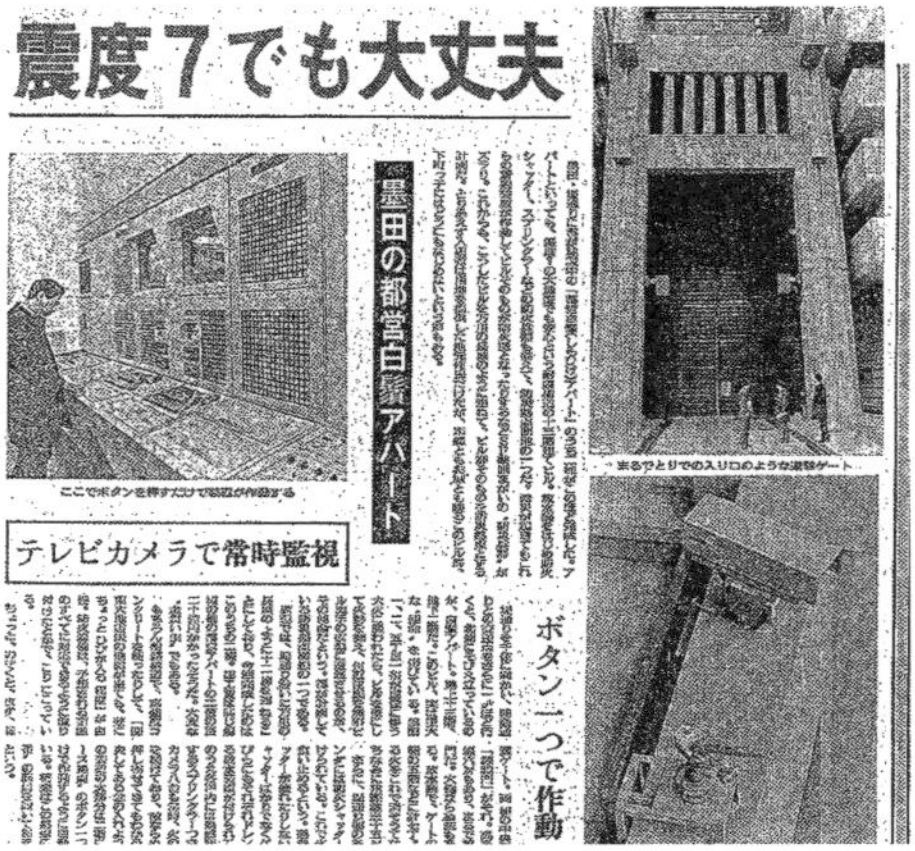

図４　『読売新聞』（1978年２月28日）

また、この時期から警察以外の公的機関が関与する設置例も増加するようになった。最も初期の事例は、競輪場や競馬場における「ノミ行為」対策のために、場内にテレビカメラを設置するというものだった（『朝日新聞』一九七三年三月二〇日）。あるいは、一九七八年に東京都が新しく建設した都営アパートもそうした事例の一つに数えられる（図4）。このアパートは高強度コンクリート製であり、地域に火災が及んだときに建物が防火壁の役割を果たす防災拠点と位置づけられているのだが、その建物の前面には、火災の早期発見のために放水機と「テレビカメラ」八台が設置されており、その映像はモニター室で管理されていた。

民間とだけではなく、公的機関と警察の連携もこの時期には認められるようになった。例えば、市役所が「新興ピンク街」の「環境浄化運動」のために三台の「監視テレビ」を設置し、その運用を警察に任せたという事例がある（『読売新聞』一九七八年四月二〇日）。その機能に関しては、一九六〇年代と同様に交番からカメラを操作して画像を確認し、必要ならば音声を発することができるというものだったが、監視テレビの引き渡し日には、その設置を周知するように地域を舞台として「迫力満点の」緊急対応の訓練が行われていた。このように、一九七〇年代には民間や公的機関と警察の間で監視カメラをめぐる協働が始まっていた。[*6]

これに対して、この時期の警察の職務に関する監視カメラとして、最もよく知られたものは、高速道路のスピード違反取締用の「隠しカメラ」だろう。このカメラはスピード・チェッカーと呼ばれ、兵庫県から設置が始まり、一九七〇年代の中頃には全国において設置されるようになった（図5）。一九六〇年代のテレビとは異なり、この高速道路のカメラは、設置が始まった当初は遠方から必要時に写真を撮るだけの技術だったが、一九八六年頃になると速度違反をした車両を自動的に撮影するオービスや、自動車のナンバーを読み取るＮシステムという技術に変化した。[*7]

図５　『朝日新聞』（1976年４月15日）

街頭ではなく高速道路に設置された隠しカメラは、当然のことながらこれまでとは異なる位置づけを与えられることになった。まず、一九六〇年代のテレビと比べ、隠しカメラは撮影の対象となる空間を大きく広げた。これまでの監視カメラは設置された都市の一地点に限定されていたが、隠しカメラは高速道路という線状に延伸するものに大量に設置されていった。釜ヶ崎の監視カメラも増設により、徐々に監視する空間を広げたが、それは高速道路における設置の広がりと並行した二〇年にわたる長い期間を経てのことであり、設置の当初はＪＲ今宮駅前という一つの地点を二台で

図6　『朝日新聞』（1980年1月14日）

捕捉するものだった。それに対して、オービスとNシステムは当初から日本全国に広がる道路網を対象として次々と増設されていた。監視カメラ表象は、この時期にその対象とする空間を特定の地点から不特定な線へと拡張したのである。

同時に、対象の拡張は保存という論点を前景化することにつながった。広範な道路に多数設置される監視カメラは、対象を把握することができても対応することは困難であるために、証拠の保存という用途が重視されることになった。この時期から、監視カメラは直接的な目視がなくとも時間を遡及して事後に対象を捉えられる技術として意味づけられるようになった。

しかし、このように急速に拡張した監視カメラに対して、抵抗感も示されるようになった。この時期の監視カメラは、他の時期と比べて最も「隠しカメラ」という呼称が頻繁に使用されており、それが示唆するように被撮影者側の観点から監視カメラを考察した資料をいくつも確認することができる（図6）。これまでの監視カメラはすべて撮影者の観点から記述され、その技術に対する期待が述べられてきたのだが、この時期に初めて被撮影者にとっての自由という観点から記述されるようになったのである。そのために、監視カメラを公権力による権利侵害と位置づけ、一定の規制をかけるべきだと論じる意見も表明されるようになった。

　こうした新しい意味づけは、監視カメラをめぐる裁判を引き起こすことにつながった。この時期に設置が進んだ釜ヶ崎と高速道路の監視カメラは、いずれも裁判にかけられ、またその内容が社会的に意味のあるものとして表象されることになったのである。同じように、東京の山谷に設置された監視カメラも裁判によって争われ、記述の対象となった。山谷においては一九八五年に山谷争議団と暴力団の衝突事件が起きたのだが、警視庁はその後、衝突事件の再発生に備えることを目的として、山谷通りを見通せる交番に「テレビカメラ」一台を設置した（『判例時報』1988: 156-157）。設置の翌年になると、実際に争議団のデモが起き、その際に警察車両のサイドミラーが破損したことから、警察は監視カメラの映像を証拠として争議団を起訴したのである。裁判においては、ビデオテープによる保存が車両破損の起きる前から始まっていたこと、また撮影による肖像権の侵害が争点となったが、結果的に「当該場所で犯罪が発生する相当高度の蓋然性が認められる」場合は、事件の発生以前から録画することは可能だという判断が示された（『判例時報』1988: 153）。

　釜ヶ崎や高速道路の裁判においてもおおよそ同じような結果が示された（図7）。釜ヶ崎の裁判においては、監視カメラの撤去を

最高裁"お墨付き"

速度違反監視
無人カメラ

肖像権 侵さぬ

図7　『読売新聞』(1986年2月14日)

求めた原告の主張が一部は認められ、設置された一五台のうちの一台が撤去命令を受けた。しかし、残りの一四台には違法性が認められず、裁判の大勢としては設置が認容されることになった（『判例時報』1994: 117）。また、オービスやNシステムも裁判の対象となったが、いずれの裁判においても監視という行為の目的自体に過度な権利侵害は認められなかった。

このように、監視カメラは一九七〇年代から八〇年代にかけて、現代の監視カメラと近似する表象を獲得していた。一つはその設置をめぐる協働関係である。民間、公的機関、警察がそれぞれの意向をもとに、設置のために連携をはじめた。また、高速道路を舞台として、大量の設置が進み、撮影の対象となる空間を延長していた。また、それが監視カメラを保存という論点から意味づけることにつながっていた。ただし、こうした拡大の傾向に対して、この時期には監視カメラを撮影される者の立場から記述する資料も提示されるようになった。しかし、一九七〇年代には隠しカメラという名称も広く使われていた監視カメラは、一九八〇年代からは急速に防犯カメラと呼ばれるようになり、撮影される者の立場という論点がこれ以後の時期に記述されることは大幅に減少した。それにより、監視カメラ表象はさらに大きく広がることになった。

2－3　一九九〇～二〇〇〇年代

一九九〇年代は監視カメラ表象がこれまで以上に急速に増加した時期であり、それと同時に従来よりも多様な主体による設置の事例が言及されるようになった。前節において、一部の公的機関が警察と連携した事例を確認したが、この時期には独自に監視カメラを設置する市役所もあらわれた。例えば、繰り返される不法投棄に対して、その車両のナンバープレートを読み取るために暗視カメラを設置した市役所の事例がある（『朝日新聞』一九九四年六月一七日）。

もちろん、この事例は目的を非常に限定したものだったが、そうした限定が取り払われた監視カメラの設置が行われるまで、それほど時間はかからなかった。二〇〇〇年代に入ると、市役所が直接カメラを設置する事例も増加し、おそらく一九七〇年代には考えられなかったことだが、市役所の窓口に監視カメラを設置するという事例まであらわれることになった（『朝日新聞』二〇〇二年八月二七日、二〇一〇年一〇月一九日）。さらに、いくつかの市役所が商店会に補助金を提供しはじめ、不特定の来街者が起こしうる迷惑行為を理由として、監視カメラの設置が容認されるようになった（『朝日新聞』二〇〇二年一〇月二九日、二〇〇三年一二月四日）。

また、教育現場における設置例もこの時期から急速に増加するようになった。当初は私立の学校が中心であり、一九八七年に「犯罪防止」を理由として監視カメラの設置をはじめた私立高校が最も初期の事例の一つである。この事例は一九九三年になってはじめて報じられるのだが、その時点において監視カメラの台数は一〇六台にのぼっていた（『読売新聞』一九九三年二月一二日）。同じく一九九三年には鹿児島の私立中・高校も四〇台の監視カメラを教室に設置したことが報じられた（『読売新聞』一九九三年二月一八日）。その後、いずれの監視カメラも教育の現場にふさわしくないという批判を受けて撤去されたのだが、二〇〇一年の池田小学校における設置を契機に状況は大きく変わった。公的な学校であっても、校門を中心に来校者を撮影する監視カメラに関しては「何かあったとき」の予防的な措置として許容されるようになったのである（『朝日新聞』二〇〇一年六月一三日）。

このように、一九九〇年代以降は設置主体が多様化する傾向が認められるが、同時に監視カメラが一地点において大量に設置されるようになり、また特定の目的がなくとも一般的な予防的措置のために設置されることも増えていった。これまでの使用例においては「グレン隊」の早期発見や「交通違反」の保存のように、ある程度の目的や対象が想定されていた。確かに、一九九〇年代以降の設置の理由に関しても、ある主体が設置をはじめる際には特定の理由が記述されるのだが、それに続く他地域や関係機関における設置に関しては、そうした目的や対象が急速に不明瞭になり、同時に問題の発生する蓋然性もこの時期にはそれほど考慮されなくなった。一九九〇年代に入ると、監視カメラが設置される場所とは、特定の問題が繰り返し起きる現場という理解を離れ、将来的に何かが起きる可能性があるという予測によっても監視カメラの設置は十分に正当化されるようになったのである。

こうした監視カメラをめぐる意味の変化は、警察によって設置された監視カメラの事例においても確認できる。設置主体の多様化とともに、一九九〇年代における警察に関連する監視カメラ表象は、防犯診断や民間の支援の際に言及されるものが中心となっていたが、二〇〇〇年代に入るとふたたび独自の設置の事例が増加し、その多くが大規模化と予防化の論点を含んでいたからだ。その最も有名な事例が、二〇〇二年から警視庁が新宿の歌舞伎町に設置した五〇台の監視カメラである（図8）。設置された監視カメラは合計五〇台にのぼり、それぞれのカメラが撮影した映像は、中継装置に集約され、新宿署の生活安全総務課内のモニター室に送信されていた[＊8]（『朝日新聞』二〇〇二年二月二七日）。こうした同一地点における大規模設置はこの後も続き、二〇〇四年三月からは、渋谷に一〇台、池袋に二〇台の監視カメラを警視庁は設置した（『朝日新聞』二〇〇四年三月二二日）。これらの事例においては、従来のように暴動や特定の違反の蓋然性はほとんど前提とはならなかった。むしろ、さまざまに想定される犯罪や迷惑行為とそれに対する不安が設置の理由語りに使用されていたのである（『読売新聞』二〇〇二年五月九日）。

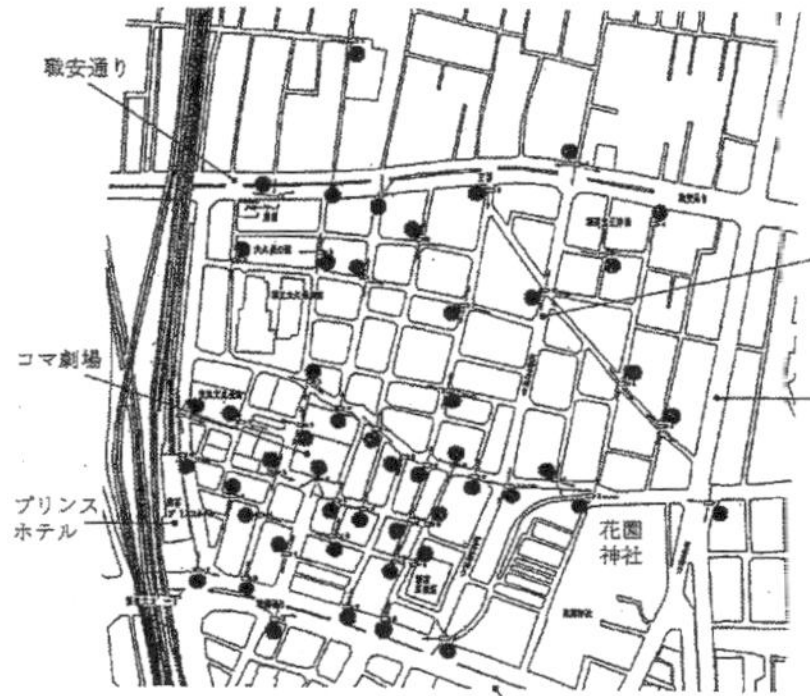

図８　歌舞伎町の監視カメラ配置図
（浜島2004：97）

図９　『朝日新聞』（2007年２月10日）

こうした傾向は、警察独自の設置例だけでなく、民間と協働した設置の事例においても共通していた。東京の成城地区では「治安悪化への不安」を理由に、二〇〇五年頃から警察と住民が協働して監視カメラを順次設置し、九〇〇台以上の監視カメラが設置されるようになった（図9）。また、二〇〇九年には同様の不安語りとともに、全国の一五の民間の防犯ボランティアに監視カメラの設置と運用を任せるという事業について記述されていた（『読売新聞』二〇〇九年六月二五日）。

このように、前述した監視カメラの設置に関する市役所の支援も含め、二〇〇〇年代の中頃には、公的機関と民間が協働する事例が大幅に増加した。一九七〇年代においても先駆的な事例は認められたが、やはり不安語りをともないながら、公的空間に監視カメラが大規模に設置されるようになったのはこの時期だと考えられる。地域における協働のなかで、監視カメラの台数はこれまでにないほど急増し、対象とする空間も繁華街や住宅地にまで広がっていた。この時期には、生活領域がすべて一般的な防犯の対象とみなされるような表象が広がったのである。

3　民間における監視カメラの設置と普及

3－1　一九五〇～一九六〇年代

戦前期の民間に関する事例については、ごくわずかな数しか確認することができない。図のように、筆筒の引き出しに手をかけると動く写真式の「自動撮影機」の資料を一つだけ確認することはできる（図10）。しかし、こうしたものはごくまれであり、民間における監視カメラ表象は戦後になって広まったと考えられる。

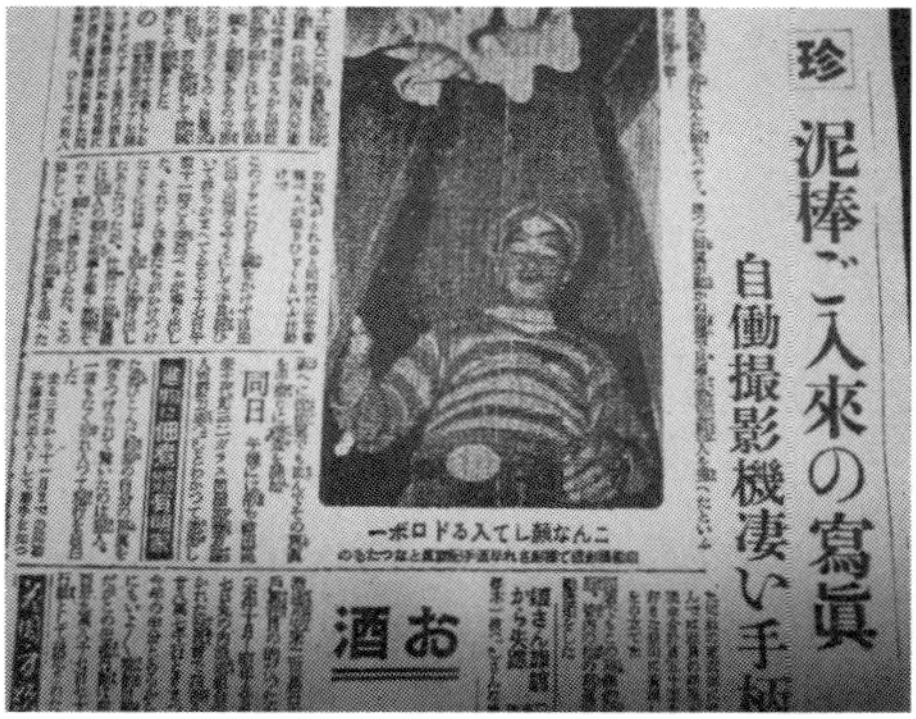

図10 『読売新聞』（1939年11月18日）

公的機関に関しては、一九五〇〜六〇年代に警察がテレビを設置しはじめたと指摘したが、民間における設置もまずはテレビが中心となった。一九五三年の資料には、「テレビ時代」というキャプションがつき、工場労働者の監視、テレビ広告の有効性、溶鉱炉の監視などさまざまなテレビの用途が同時に並び、新時代の技術として紹介されていた（『読売新聞』一九五三年二月八日）。

このうち、溶鉱炉を監視するテレビは「工業用テレビ」と呼ばれ、前述のとおり警察が一九五七年に転用を企図していたことから、この時期には広く利用されていたと考えられる。工業用テレビは、工場内の危険のともなう製造の現場から離れても監視を続けるための技術であり（図11）、こちらは公的機関に属するかもしれないが、ダムの水位の監視や火力発電所における炉の監視のためにもテレビは活用されていた。これ以外にも、テレビの使用例としては、鉄道会社が駅のホームで乗降客の確認を行うという事例もすでに確認できる。[*9] これらの使用法は同時期の公的機関と共

工場の遠隔操作に
工業テレビ 伝票・印鑑照合も
相談室
気流
治水技術の

図11　『読売新聞』（1959年８月19日）

通していると考えてもいいだろう。民間におけるテレビも、その業務に関する特定の対象を遠隔地から監視し、問題が起きた場合には迅速に対応することが監視カメラの中心的な役割だったのである。

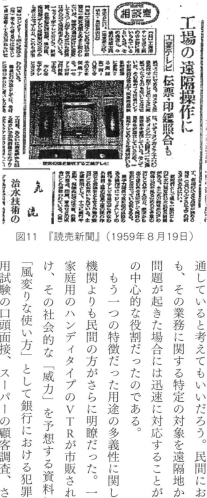

もう一つの特徴だった用途の多義性に関しては、公的機関よりも民間の方がさらに明瞭だった。一九六五年に家庭用のハンディタイプのＶＴＲが市販されたことをうけ、その社会的な「威力」を予想する資料においては「風変りな使い方」として銀行における犯罪対策や、採用試験の口頭面接、スーパーの顧客調査、さらには政治家の選挙運用や警察の犯罪防止用が列挙されていた（『朝日新聞』一九六六年五月二五日）。

確かに、この頃には重役室から売り場や事務室を監視するテレビや（『読売新聞』一九六八年一二月二四日）、元気に挨拶する菓子店の店員が実はテレビカメラで監視されていたと指摘する資料があり（『朝日新聞』一九七〇年五月一六日）、人間の予防や監視も用途の一つだったのだが、それらはホテル独自のニュース放送の制作やゴルフのフォームチェックに関する事例と同列に置かれており、テレビ放送、ビデオ録画、監視カメラが未分化だったことを示している。まだこの技術はどのように社会に受け入れられるのかが十分に見定められておらず、警察のような業務の範囲が定められていない民間においては、さらに多様な用途が期待されていたのである。その意味では、民間においては早期発見と迅速な対応という使用法に関しても共通項ではなかったと言える。

ただし、防犯という目的が皆無だったわけではない。例えば、一九七〇年の万国博覧会においては、会場の防犯を名目とした「ＣＣＴＶ」が複数設置されていた[*10]（図12）。もちろん、これはあくまで万博という非日常的な空間のなかで設置された監視カメラだったが、複数台のカメラによって一定の閉鎖空間を防犯のために監視するという一九七〇年代以降の動向を先取りした点で、このＣＣＴＶはまさに一九六〇年代と七〇年代の転換点に位置していた。

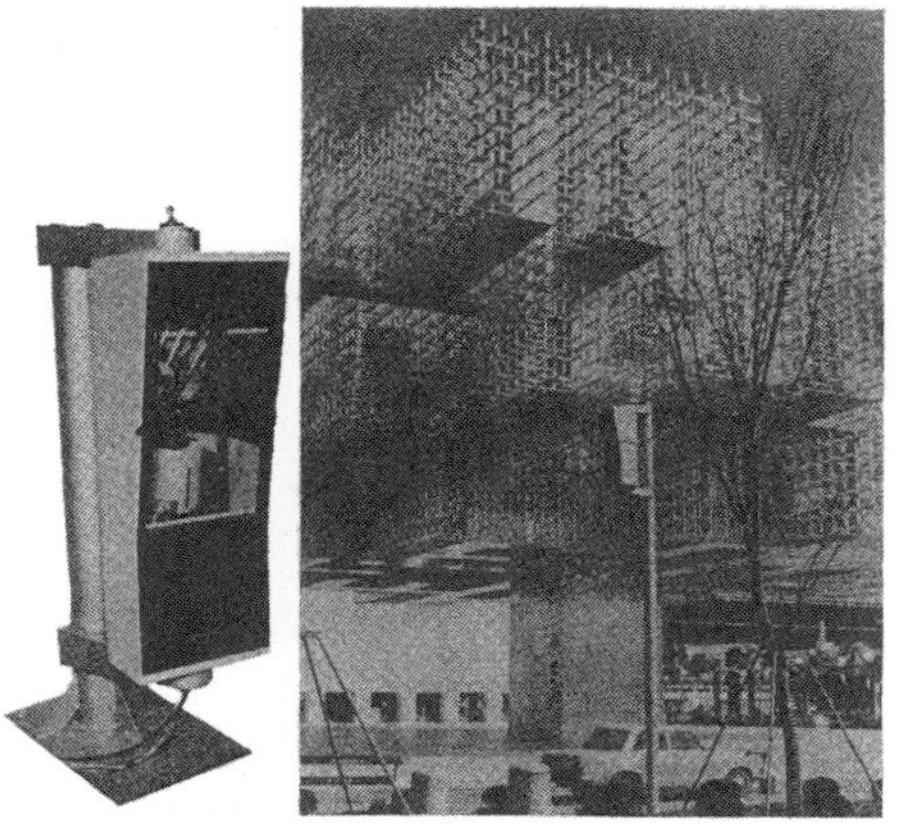

図12　『日立評論　別冊万博特集号』（1970年）

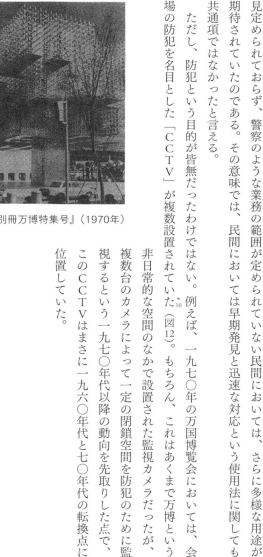

3−2　一九七〇〜一九八〇年代

民間においては、この時期からテレビと監視カメラの名称に区別が設けられ、テレビは放送に用いられる技術を指す傾向性が強まった。それに対して監視カメラには「防犯カメラ」や「隠しカメラ」という名称が与えられるようになり、監視カメラ表象は防犯に焦点を合わせたものに収斂していった。金融機関がその典型例であり、まずはいくつかの地方銀行が強盗事件を契機に写真式の「防犯カメラ」の設置に踏み切っていた。最も初期の事例としては、横浜銀行が一九七〇年あるいは七一年に連合赤軍の襲撃をうけ、それをきっかけに「二年がかりで」全店に写真式の監視カメラを導入していた（『朝日新聞』一九七六年六月一三日）。また一九七四年には連続企業爆破事件によって大手銀行の一部で設置が進み、一九七六年には全国地方銀行協会が設置の呼びかけを行うなど、さまざまな金融機関において設置が進みはじめていた。実際に、一九七〇年代には地方銀行が中心だった強盗事件の画像の公開は、一九八〇年代になると大手銀行においても認められるようになった（『朝日新聞』一九八一年四月一日）。度々発生した事件を契機に、またこの時期に現金キャッシュディスペンサー機が広まったことにより設置は進展していったのである[*11]（『朝日新聞』一九八二年一月八日）。

もちろん、こうした設置の進展は警察との協働による部分も大きいだろう。というのも、一九七六年末の時点で実際に設置していた都内の金融機関は、写真式が一・六％、テレビ式が二・六％であり、「なぜか低い普及率」と指摘されていたからだ（図13）。普及率が上がらないことに対して、防犯に対する意識が「様子ながめ」と指摘されるように、金融機関は必ずしも監視カメラの設置に積極的ではなかったのである（『読売新聞』一九九〇年三月一四日）。そのために、警察の防犯診断による指導が行われ、各業界との議論の機会が積極的にもうけられていた（『読売新聞』一九七八年三月一〇日）。監視カメラはこうした連携のなかで言及され、わずかずつではあるが金融機関に普及していったと考えることができる。

同じ時期に、監視カメラは銀行だけではなく、ホテルやカラオケボックスにおいても設置が進んでいた（『朝日新聞』一九八九年九月二〇日、一九九〇年一〇月二四日）。金融機関も含めて、この時期に設置が進んだ事例の特徴は、いずれも犯罪の蓋然性の高さという論点と結びつけられていたことにある。その店舗が強盗や非行と結びつきやすいという理由にもとづいて、警察による設置の指導も行われていたのである。そのために、この時期においてはそうした蓋然性と結びつきにくい公共空間が設置の対象と考えられることはなかった。監視カメラの主要な設置場所は、店舗などの閉鎖空間だったのである。

銀行強盗 見逃さないッ

なぜか低い普及率

「設置してもうからない」

窓がばっちり監視。悪いことはできないよ

図13 『読売新聞』（1977年６月16日）

こうした防犯と閉鎖空間という論点と強く関連づけられ、監視カメラの普及に大きな影響を及ぼしたのが、一九七〇年代から急速に店舗数をのばした「深夜スーパー」あるいはコンビニエンスストアだった。深夜帯にも営業し、従業員が少ないにもかかわらず金銭の授受がある場所として、深夜スーパーに対しては警察やマスメディアによって監視カメラの設置が推奨されていた[*12]（『読売新聞』一九八六年七月二九日）。その設置例の象徴が一九八四年の「グリコ森永事件」であり、よく知られるとおりこの事件では監視カメラによって撮影された容疑者の映像が大きく報じられた（図14）。

また、この事件が示すもう一つの特徴は、この時期の監視カメラの画像が非常に積極的にマスメディアにおいて取り上げられていたことにある。一九六〇年代や七〇年代と比べても、一九八〇年代には大きな鮮明な写真とともに、「防犯カメラ」の効果に言及する記事が新聞紙上や雑誌記事のなかにおいて多数認

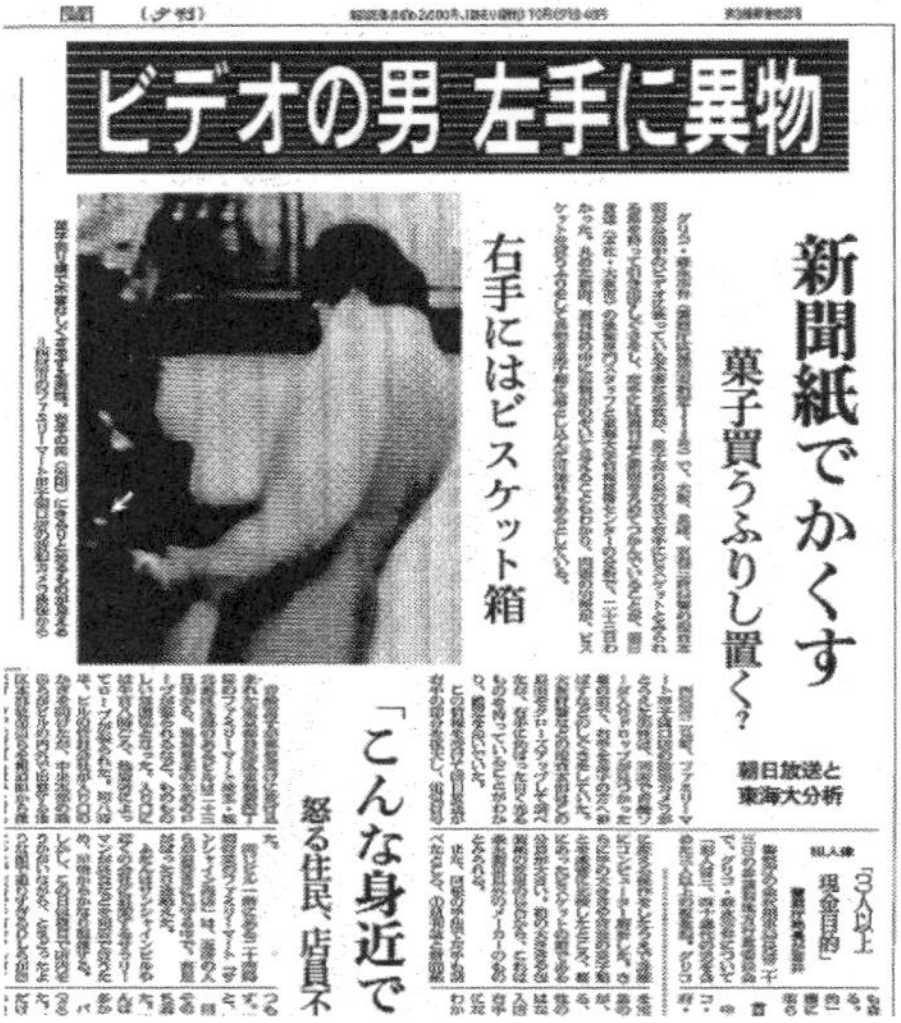
ビデオの男 左手に異物

新聞紙でかくす

菓子買うふりし置く？

朝日放送と東海大分析

右手にはビスケット箱

「こんな身近で

怒る住民、店員

図14 『朝日新聞』（1984年10月23日）

図15 『毎日グラフ』（1987年５月17日）

められるようになった（図15）。一九八〇年代には、容疑者の顔写真を公開して情報提供を呼びかける公開捜査番組がテレビにおいて流行しており、そうした情報のなかにおいても金融機関や商店の店舗に設置された防犯カメラの画像や映像は利用されることになった。興味深いことに、こうした潮流の象徴であるグリコ森永事件は未解決のままであり、監視カメラの効果という点では消極的な意味をもちえたのだが、事件の発生以後にそうした点が指摘されることはなかった。一九七〇年代には隠しカメラと呼ばれることも多かった監視カメラは、一九八〇年代に入ると急速に防犯カメラという名称で呼ばれはじめており、保存した画像や映像をさまざまなメディアを通して社会的に共有する役割が与えられていた。監視カメラの用途は、一九六〇年代の目視と迅速な対応から、一九八〇年代には保存と社会的な共有に重点が移っていたのである。

このように、民間において設置が広まる際に警察との連携は重要な要素の一つだった。しかし、こうした連携は警察に限定されるものではなかった。一九七四年度版の犯罪白書において犯罪発生率一位と名指された地域では、まず警察によって店舗の防犯指導とテレビモニターの設置が行われたのだが、同時にその連携のなかには基礎自治体が協力する姿も認められるようになっていた（『読売新聞』一九七五年六月一日）。同様の協働は、急速な発展によりゴミや迷惑行為という「商業公害」が発生するようになっていた繁華街、あるいは次々と延伸される地下街においても確認できる。そこでは、商店街、警察署、役所が連携し、そのなかで「監視テレビ」の設置が行われていた（『読売新聞』一九八〇年八月一四日）。前節の一九七〇年代から八〇年代における公的機関の設置例の箇所においても確認したように、やはりこの時期に監視カメラの設置をめぐる地域の協働が注目されるようになったと考えられる。

もちろん、こうした連携や協働のすべてが首尾よく進んだわけではなかった。本書の冒頭において触れたように、一九九〇年の時点では住民による監視カメラ設置の申し出が警察に断られることがあった。地域の美化推進委員会が三台の「監視用モニターカメラ」を購入し、交番に設置を申し入れたのだが、警察側から「警察が街を監視するなんて、威圧的でよくない」と断られたのである（『朝日新聞』一九九〇年四月二一日）。確かに、この資料には過去の地域と交番との関係性が影響を及ぼした可能性が示唆されているが、監視カメラの設置をめぐる協働がはじまったこの時期にはいくらかの混乱があり、その一例が表象された事例だと理解することもできるだろう。監視カメラの設置をめぐる地域の連携は基本的な形を整えつつあったが、それが一般化したのは一九九〇年代以降のことだった。

以上のように、この時期の民間においては金融機関やコンビニエンスストアが設置の主体となる監視カメラの表象が急速に拡大した。それらは必ずしも自発的な設置だとは言えなかったが、犯罪発生の蓋然性の高さという観点から他機関の支援も行われ、店舗などの閉鎖空間を主要な対象として、しだいに設置は進むようになった。また、一九六〇年代における一部の事例のように、その主要な用途は特定の対象を遠隔地から監視して迅速に対応することではなく、ある店舗などの閉鎖空間を対象に画像や映像を保存し、犯罪に対応することに変化していた。同時に、こうして保存されるようになった画像や映像は、事件が起きた際に取り出され、マスメディアを通じて社会的に共有されるようになった。この時期の監視カメラは一九六〇年代における用途の多義性に対し、犯罪の予防と追跡という目的に注目が集まっており、その画像や映像によって金融機関や商店の店舗に迫る犯罪の危機と、同時に容疑者を特定したかのような安堵感を明示するという役割を与えられていた。また、一九七〇年代からは金融機関や商店だけではなく、地域住民や商店街が基礎自治体や警察と連携する事例も認められるようになり、そのなかで監視カメラにも関心が向けられるようになっていた。一九八〇年代に地域における協働と公共空間における監視カメラの設置という事例は基本的な形を整え、一九九〇年代に入ると急速に一般化することになった。

3−3　一九九〇〜二〇〇〇年代

一九八〇年代には店舗などの閉鎖空間に関する事例が記述の中心を占めてきたが、一九九〇年代からはむしろ不特定多数の通行人が行き交う公共空間を撮影する監視カメラの表象が急速に増加することになった。それにともない、設置の主体に関しても住民や繁華街の商店街をはじめとして、地域の多様な関係者が含まれる事例が増加した。もちろん、前述したように、一九六〇年代や八〇年代においても住民や商店街による設置の事例は認められるが、全国の地域社会に広く監視カメラが普及したのは、やはり一九九〇年代以降のことである。

一九九〇年代を通して、監視カメラを設置する地域とその台数は増加した。まずは、一九九一年に松山の銀天街商店街で五台以上の監視カメラが設置され[*13]、一九九三年には仙台クリスロードなどに八台が設置された[*14]。さらに一九九七年には、松山の大街道商店街において八台が、また一九九八年には横浜元町商店街に一八台が設置されるなど、徐々にその台数は増加していった（セキュリティスペシャリスト協会編 1998:

8-12)。

図16 『セキュリティ研究』（1998年３月号）

　こうした動向は二〇〇〇年代に入るとさらに加速する。一例を挙げれば、警察が東京の歌舞伎町に設置した台数が五〇台だったのに対して、大阪の心斎橋筋商店街では五八台（『読売新聞』二〇〇二年六月一日）、また京都の四条繁栄会は二〇〇五年から八二台もの監視カメラを運用し始めた（『京都新聞』二〇〇五年四月二日）。二〇〇〇年代に入ると、地域における設置台数も従来とは比較にならないほどに増加したのである。

　また、二〇〇〇年代からは繁華街だけではなく、住宅地における設置事例も増加した。第2節で触れた東京の成城地区においては、二〇〇七年に四〇〇台の監視カメラが設置され、その後は九〇〇台以上に増加した（警視庁 2011）、東京の八王子市では一〇〇〇台を設置する計画も策定されていた（『毎日新聞』二〇〇七年八月二四日）。その台数が商店街の事例よりもさらに多く、また犯罪や迷惑行為の発生する蓋然性が繁華街よりもさらに低いという点で、住宅地の事例は現代の監視カメラが特定の対象ではなく、不特定のリスクの制御を想定していることを示唆する。

　このように、二〇〇〇年代には民間の設置事例においても、店舗などの閉鎖空間を意識したものから、公共の開放空間に拡大していた。同時に設置の主体についても、企業が中心だった一九八〇年代までとは異なり、日常生活を営む住民に移っていた。それと並行して、設置の目的も強盗や窃盗対策という明確な対象を想定することなく、日常の生活領域を広く守るという意味が監視カメラに付与されるようになっていた。

さらに、監視カメラが日常生活のなかに入り込んだことにより、それを運用する住民は生活領域を再編することになった。企業が店舗などの閉鎖空間に設置する事例とは異なり、住民が開放空間において監視カメラを設置する場合は、設置計画の立案、住民間での意見調整、他機関との連携、運用規則の策定、機器の管理や整備、警察からの映像提出の要請といった雑多な作業に無償で取り組まなければならない。その効率的な遂行のために、住民は地域を監視カメラの設置と運用のために捉え直し、商店会や自治会の内部に監視カメラのための委員会を設立する、あるいは地域にこれまでとは別の組織を立ち上げることになった。このように、一九九〇年代から二〇〇〇年代において、監視カメラは急速に地域化するのだが、それとともに日常の生活領域である地域も変化に直面することになった。

4　おわりに

本章は以上のように監視カメラ表象の変遷を概観してきたが、それをふまえて最後に次のような問いについて考えてみたい。こうした表象の変遷があるとして、それはいったい何によって引き起こされてきたのだろうか。

この問いに対する簡単な解答は、警察の活動方針ということになるだろう。これまでに確認したように、監視カメラ表象の広がりのなかで、警察は大きな役割を果たしており、民間における設置にも一定の影響を及ぼしてきたからだ。警察活動に関する変化として、一九七〇年代における広域化、あるいは一九九〇年代における地域化は一般的にもよく知られている。必要ならば関連する白書や公式統計などを年次順にたどれば、警察活動の変化という表象が、おおよそ監視カメラの広がりと並行していると把握することもできるだろう。

だが、そうした警察の活動方針によってのみ監視カメラ表象が変化すると簡単に結論づけることはできない。一九七〇年代の金融機関やコンビニエンスストアが監視カメラの設置に対して当初は抵抗感を示していたように、表象の変化にとっては民間や地域がなぜ警察活動の変化を受け入れるのかという観点も同じくらいに重要だからだ。それどころか、警察活動の変化は、一般的にはその背景をなす社会的な変化にもとづいたものであり、むしろそうした社会的な変化に関する理解を民間や地域が受け入れるときに、その活動の変化は意味をもつと考えるべきだろう。そうであるならば、警察活動の変化と民間や地域における受容は、ひとしく社会的な変化を基盤としているということになる。つまり、監視カメラ表象の変化を引き起こすものとは、表象のなかで提示された社会的な変化に関する語りだということだ。

それでは、警察と民間がともに言及していた社会的な変化とは何だったのだろうか。あらためて振り返れば、それは日本社会の流動化とそれにともなう不安の増大だったと考えてもいいだろう。一九七〇年代においては、犯罪の発生が都市の発達や郊外化と、また交通違反がモータリゼーションの発達と結びつけられていた。あるいは来客者をソフトに出迎えるようになった金融機関や顧客のライフスタイルの変化に合わせて深夜まで営業するコンビニエンスストアもそうだった。それらはいずれも従来とは異なる社会的な変化をもとに、監視カメラの導入に対して一定の理解を示していた。一九九〇年代においてもこの傾向は変わらない。この時期には、さらに社会全体における人間関係の希薄化や、地域社会や家族の「解体」についても言及され、それらの社会的な変化が「従来からは考えられない」犯罪の発生や犯罪認知件数の急増という論点と頻繁に結びつけられていた。このように、公的に表象された資料においては、社会的な流動性の増大による監視カメラの増加という一般的な理解があらためて繰り返されていたということになる。

それでは、このような社会的な変化に関する語りと監視カメラの設置は、実際の地域社会においても結びつくのだろうか。次章からは地域における監視カメラ設置の過程に分け入り、その詳細を確認することにしたい。

注

＊1　ただし、監視カメラの歴史については、永井良和も整理を行っている（永井 2011: 176）。永井もおそらく新聞記事にもとづいて検討を行っているが、本章はもう少しそれを詳細に検討し、さらに雑誌記事や裁判記録をいくらか加えることで、表象の変遷を明示しようと試みる。

＊2　日本以外の変遷については今後の課題である。ただし、監視カメラはアメリカ政府が一九三〇年代後半から軍事用に開発を始めたという経緯や、日本よりもやや早く、一九六〇年代に入ると駐車場の管理などを目的に民間における使用が増加したといった一般的な変遷については資料を確認した（Anderson 1998: 516）。

また、ノリスとアームストロングは、国民一人あたりの監視カメラ台数が世界一とも指摘される、イギリスにおける監視カメラの増加に注目し、その変遷を検討している（Norris and Armstrong 1999: 51-54）。

イギリスにおける監視カメラの設置は一九六一年、ロンドンの鉄道駅で始まり、一九八五年には、イングランド南部のボーンマスで初めて街頭を監視するカメラが設置された。八〇年代を通して数台のみだった都市中心部の街頭監視カメラは、九〇年代に入るとHome Officeが設置補助金をもうけたことにより急激に増加し、一九九四年には都市部における監視カメラ設置計画の数は七九にまで拡大した。さらに、一九九六年には人口五〇万人を超える都市のすべてが設置計画を推進し、一九九八年までには中小の都市のほとんどに広がった。

＊3　資料については、まず朝日新聞社と読売新聞社の記事検索システムである聞蔵Ⅱとヨミダス歴史館を使用して収集した。監視カメラと防犯カメラをキーワードとして検索を実施し、初期の事例については網羅的に、また資料数が大幅に増加する一九九〇年代からは重複する記事やイベント開催の短信などを除き、さらに年間の記事数に合わせて等間隔に記事を抽出するなど確認する記事数をある程度制限した。時期については、本書の事例調査が行われ

た二〇〇〇年代までとした。この手続きにもとづき、合計で七八八件の記事を対象とした。ただし、データベースに依拠したために、地域的な偏りがありえる、あるいは検索にかからない記事がありうるなど、記述した内容がシステム上の制約を大いに受けている可能性については十分に留意する必要がある。なお、二〇一〇年代には万引き犯の映像がネット上において公開され、論争になるなど興味深い事例がまた登場したのだが、こちらは本書の内容からは外れることになる。

また、記事のなかには、「テレビ」や「隠しカメラ」という同一の技術を指すと考えられる別の名称があったために、それらについてもあらためて網羅的に検索して資料に加えた。対象としたキーワードは、テレビ、テレビカメラ、街頭カメラ、隠しカメラ、ビデオカメラ、閉回路テレビ、ＣＣＴＶである。新聞記事と関連する内容に限定して、国会図書館の検索システムにより一部の専門雑誌記事と論文の収集も行った。ただし、こちらに関しては系統的な検索の結果ではない。他の記事検索システムや民間の資料館なども含めた新聞記事および雑誌記事の網羅的な把握は今後の課題である。だが、新聞記事を中心として専門雑誌や論文を加えた今回の資料によっても監視カメラ表象の変遷に関する一定の傾向性は確認できるだろう。

＊4　こうした分析の方針は解釈主義とも呼ばれ、言説分析やレトリック分析、社会問題の社会学などの方法を生み出しており、また今日では非常に広範な領域において受容されている（Foucault 1969=1981, Crary 1999=2005, 中河・赤川編 2013）。

ただし、本章は資料が表象であることを意識するとしても、解釈主義に立脚した分析にはなっていない。使用したデータベースによる制限や検索しきれていない資料がありうるという前提的な課題もあるが、それ以上に、本章は技術的な特性、すなわち大衆に受信される放送ではなく、特定の場所に設置され、映像の目視あるいは撮影と保存を行うという特性にもとづいて監視カメラを同定し、それを指す複数の名称を積極的に監視カメラ表象の一部に組み入れているからだ。もちろん、そもそも対象の同定には困難がつきまとうことは確かだが（鮎川 1993: 78-79）、やはり解釈主義の立場に依拠するのならば、その意義を損なわないためにも、分析の基本的な指針から離れず、技術的な特性についても表象の内部において言及されたものから対象の同定を行うという手続きを経るべきだろう。

このように、本章は解釈主義の方向性を確認しながらも、特定の分析方法に依拠せず、その目的を表象の変遷の基礎的な把握に限定したということを明示するために、言説ではなく監視カメラ表象という表現を採用した。

なお、現代における監視カメラの表象を扱うとなれば、監視カメラについて書かれたものだけではなく、監視カメラが産出する映像についても、どのように取り扱うのか、またどのように分析しうるのかという大きな問いに直面するが、本章はこの問いにも答えられない。ただし、映像がもたらす影響の一側面については、第4章において触れてみたい。

＊5　他にも、海外の事例ではあるが、床や壁に設置された写真機が犯罪捜査に役立っているということが報告されていた（図17）。

＊6　ただし、その関係性がすべて協力的なものだったわけではない。第3節の2項において、一九九〇年の渋谷の事例に触れるが、そこでは住民から監視カメラの運用を要望したにもかかわらず警察がそれを拒否するという事例や、逆に警察が設置を推奨しても民間の反応が鈍いという事例をわずかながら確認することができるからだ。金融機関との関係はその典型例であり、一九七七年に警察は「カメラの一〇〇%普及に躍起」になって、その効果を「力説」していたが、金融機関はすぐには反応しなかった。というのも、監視テレビの効果に「確かなデータがない」ことに加え、「直接の利益につながらないという企業の意識」がはたらいたからだ（『読売新聞』一九七七年六月一六日）。

図17　『読売新聞』（1934年２月15日）

＊7　他にも、同じ自動車が二地点間をどのくらいの時間をかけて通過したかを測定し、走行状況などを交通情報板に提示するための監視カメラや、過積載車がないかを観察するための監視カメラ、また改良型のHシステムなどについても資料からは確認ができた。五〇〇台という数字に関しても、警察庁が各都道府県警に設置させた分を含めるとさらに増えると指摘されていた（佐藤 2000: 30）。

＊8　例えば、二〇〇一年に愛知県警がコンビニエンスストアに設置した監視カメラはその発端となった事例の一つである。店舗の監視カメラは一般的には店主が設置主体となるのだが、この事例においては、警察が店舗の入口に合計四台の監視カメラを設置し、運用も行っていた。釜ヶ崎の裁判においては、暴動のような重大な問題と、その発生の蓋然性という二つの要因が監視カメラを正当化していたのだが、その要件を欠くように思われる民間の店舗に監視カメラを設置するという試みは、当時としては実験的なものだった（「国会会議録」二〇〇三年五月一六日、一九九五、一九九頁）。

＊9　一九六二年に京浜急行の横浜駅において、駅員がホームを監視する「ホーム監視テレビ」の運用が始まったという記事を確認できた。記事によると日ノ出町駅、横須賀中央駅にも設置が予定されていた（図18）。

＊10　CCTVは「Closed Circuit Television」の略記である。イギリスや韓国ではこの名称が一般的に用いられている。

＊11　他にも、専門紙においては、梅川事件が契機となったという記述も確認できた。「金融機関に監視カメラが普及するようになった最大のきっかけは、昭和54（1979）年1月26日に大阪府住吉区の三菱銀行が襲われた猟銃強盗・梅川事件です。猟銃を持った梅川が銀行に押し入って3発を発射して行員1

図18　『朝日新聞』（1962年10月16日）

人と駆け付けた警察官2人を射殺しました。……結局、2日後の28日、梅川は狙撃されて死亡しましたが、この世間を震撼させた梅川事件をきっかけに金融機関への監視カメラや緊急通報装置の設置が広がりました」(『セキュリティ産業新聞』二〇〇五年三月二五日号)。同様の指摘は一般紙においても指摘された(『読売新聞』一九八〇年五月二九日)。

また、キャッシュディスペンサー(CD)とは、過去の現金自動支払い機の名称であり、次のような記述を確認できる。「都市銀行は、土曜休業日の店舗に行員を配置せず現金自動支払い機(CD)などの機械を動かす本格的な準備に乗り出した。……住友銀行の無人稼働システムは、各店舗のCDコーナーを東京、大阪の二カ所にあるコンピューター・センターで集中管理する方式。……防犯カメラやインタホンを充実し、機械の故障や客からの問い合わせにセンター職員が応じる」(『朝日新聞』一九八五年二月八日)。

これと並行して駅においても設置がはじまり、オウム真理教の事件を契機に設置が急増したという指摘も認められたが、そのことを検討できるほどのまとまったデータは他に見つけられなかった(『セキュリティ産業新聞』二〇〇五年一月二五日号)。

＊12 例えば、次のような新聞記事を確認できた。「警視庁によると、都内の24時間営業を含む深夜スーパーは約2200店。防犯カメラなどや非常ベルを置いている店は約半数しかない。……このため警視庁は23日までに、(1)カメラの角度の点検とフィルムのつめ替え(2)深夜の2人勤務制(3)110番の正確なかけ方、などを徹底するよう業界に呼びかけた」(『朝日新聞』一九八六年七月二四日)。

＊13 銀天街商店街の事例においては、商店街が通行人に対して監視カメラの存在を伝えるようになっており、この頃には監視カメラが社会的に受け入れられるものに変化していたことがうかがえる。「今まではカメラを目立たないようにしていたのを改め、近く『防犯カメラ設置』の看板を取り付けて通行人にカメラの存在をPR。犯罪やいたずらの抑止をさらに図っていく」という記述が認められた(『朝日新聞』一九九七年四月四日)。

＊14 監視カメラに関しては、設置した後になってからその犯罪減少効果に疑問がよせられることもあるが、実際に設

置後に犯罪認知件数が増加したと指摘する新聞記事をわずかだが見つけることができた（『朝日新聞』一九九八年一二月一六日）。

第3章　地域における監視カメラ設置の論理

1　はじめに

前章では歴史的な変遷から、監視カメラが地域社会に広がりつつある現状を確認してきた。それでは、なぜ監視カメラは地域社会に設置されるようになったのだろうか。本章はこの点を、設置に関わる当事者の語りに依拠して明らかにする。

当事者の語りに目を向けるのは、それが従来の監視社会研究において十分に検討されてこなかったからだ。第1章では監視カメラの効果研究に触れたが、そこでは、社会の質的変容により発生した不安が人びとに影響を及ぼすという理解の枠組みが共有されていた。体感治安の悪化にせよ、不確実性の増大にせよ、監視カメラの効果研究は、現代社会に広がる不安が人びとに直接影響を及ぼすという論理を想定してきた。

こうした想定は、消費社会の進展によって交渉や移動の自由が拡大したと指摘する監視社会論の枠組みにも実は共通している。共在する身体にもとづく個人の認証が困難だと感じられる消費社会においては、それを補う情報監視技術が求められるのだった。この社会の質的変容に関する分析を個人の観点から捉え直せば、流動性の増大がもたらす不安を個人が監視を通じて制御するという論理に転換できる。そのために、監視社会論も不安という論点を内包していたと考えることができる。

近代化と国民国家に関する分析についても同様である。不安という用語そのものは使用されない傾向にはあるが、やはり社会のダイナミズムの拡張が人びとの生活を急変させたというように、この分析もまた国家による監視の背景に流動性の増大を想定している。それは、監視社会論と同じように、日常生活における不安の顕在化が監視をもたらすという論理に整理し直せるだろう。いわば、従来の研究は不安の発生が人びとを監視の導入に向かわせるという理解の枠組みを通して、社会の監視化を理解してきたのである。

実のところ、同様の枠組みは、実際の治安政策においても共有されてきた。その典型例がゼロ・トレランス・ポリシングだろう（Young 1999=2007: 316）。それは二〇〇〇年代の日本社会において急速に広がった環境犯罪学などと同じ志向性をもつ施策であり、これまで放置されてきた些細な秩序違反行為に対し、捜査機関をはじめとする行政機関が断固たる措置をとることで、軽微な違反行為に続いて起こる深刻な逸脱や犯罪を減らすという取り締まり方針である。そして、この施策が前提としていたものが、市民生活のなかで急激に不安が高まっているという理解の枠組みだった。現代社会では、さまざまな生活の場面で「以前は考えられなかった」現象が発生しうるという前提から、貧困化した外国人労働者や薬物の常習者による犯罪の増加という危機の語りが構成され、それにもとづいて日常の微細な違反行為を取り締まることが正当化されたのである。さらにこうした不安論は、公共空間の「浄化」のためには、行政機関だけではなく、地域住民による日常的な防犯活動が必要だという理論的な動向とも連動し、「安全・安心」を積極的に推進するためのコミュニティづくりを支援する施策につながった（Hughes 1997: 155）。いわば、治安政策においても、急激に高まった不安という前提をもとに、さまざまな関係者が一斉に安全・安心を求めて活動するという論理は念頭に置かれていたということだ。

もちろん、前章で明らかにしたように、監視カメラ表象の変遷を確認すれば、こうした論理を前提とすることに違和感はないのかもしれない。近年の監視カメラに関しては、地域住民の自発性にもとづいて設置や運用がなされるようになったという表象は一般的なものであり、その理由として不安の広がりや地域における関係性の希薄化が挙げられているからだ。そこには、理論が示す枠組みと表象された理由の同一性しか認められない。

だが、ここで一つ注意しなければならないことがある。それは、こうした枠組みや理由があくまで公的な表象だということだ。理論がその理解の枠組みのなかに事例を当てはめることがあるというだけではなく、表象もまた、それぞれの地域における議論の過程を、事後に整理し直したものでありうる。その意味で、これまでに確認してきた理由が、地域における折衝や妥協を経たうえで、あらためて公的に語りうるように構成されてきたという可能性は残る。それは表象のなかにおいて当事者の語りとして示された現代の監視カメラの設置理由にすら当てはまるだろう。

そうであるならば、あらためて当事者が整理し直す前の過程を問い直す意義はある。研究や表象が示してきた不安という枠組みは、地域社会における社会の監視化の過程にどれほど当てはまるのだろうか。確かに、たとえ整理前の過程に関する語りを明らかにしたところで、それもまた表象であることに変わりはない。しかし、人びとの語りが公的に表明された表象と異なるのならば、それはやはり地域における監視カメラの広がりという現象を問い直す手がかりにはなるだろう。

このように、本章は監視社会研究が採用してきた不安という前提が、具体的な地域社会の過程に即してもなお妥当なのかを問う。それにより、日常生活を送る人びとが、どのように監視カメラの広がりに関わるのかという疑問に対して、これまでとはやや異なる仮説を与えてみたい。確かに、本章はいくつかの事例しか取り上げることができない。だが、事例が示す過程の特徴的な点に着目して、既存の理論を問い返すことで、監視社会研究の分析をもう少し豊かなものにできるだろう。

2 調査の概要

以下では、地域における監視カメラ設置の過程を調査事例から検討するが、ここではその対象として繁華街の商店会を取り上げる。商店会は、地域住民が公共空間に設置するという点で、現代における監視カメラ設置の代表例の一つである。そのために、監視カメラの設置過程の理解にあたって、重要な対象になると考えられる。具体的には、関東地方から中国地方にある六つの商店会を対象としており、本章ではそれらの事例を織り交ぜながら、監視カメラ設置の過程を一貫した形に再構成する。[*1]

ここで取り上げる商店会は、個人商店が協力してつくる地域の商業組織のことを指すが、生鮮食品や日用品のみを販売するような小規模の店舗の集まりではない。むしろ、ここで取り上げる商店会は、地域の消費の中心をなす繁華街にあり、その街路にはファストフード店や場合によってはブランドショップまでが並ぶものを指す。以下で扱う商店会は、いずれも都市の繁華街の一部をなし、地域の有力な商業組織だという点で共通している。また、商店会の運営に関しては、規模の大小にかかわらず、他の地域組織と密接に関わりながら、長年にわたって商売を続けてきた個人経営の店舗や地主に大きな発言権があるという点も共通している。

ただし、やはり六つの商店会は、その規模や設置した監視カメラの台数については、大きな違いもある。そこで、本章では対照的な二つの商店会を中心に事例を検討する。二つの商店会は、規模や台数だけではなく、商店会の性格や監視カメラの管理方法についても非常に対照的な事例となっている。そのために、この二つの商店会を両端に置けば、他の事例をその間に位置づけて理解することができるだろう。

まず一つ目のA商店会は、人口一〇万人に満たない小都市の中心部に位置する。繁華街としての歴史は古いが、戦後、とくに一九七〇年代以降は人口の減少が著しく、商店街の空洞化が進んだ。しかし、二〇年ほど前から近隣の商店会と協力して、古い町並みの保存とそれに合わせた景観の統一、また祭事の参加者を地域の外にひらくなど、地域でまちづくりに取り組み、大都市や海外からの観光客を呼び込むことに成功した。そのために、街路には食べ歩き用の軽食店や地元の名物を扱う料理店、特産品を扱う土産物店などの特色ある店舗が並ぶ。

商店会の会員は全員が個人店舗の商店主であり、運営の責任者である理事のほとんどは四〇代以上の男性で構成される。現在は世代交代が進んでいるが、以前の理事は六〇〜七〇代ばかりで構成されていた。商店主が理事に任命される基準は、店舗の伝統や格、商店主自身の勤務年数、また出生地がA商店会の内部か否か、あるいは商店会に近い地域に居住していたかといった点から総合的に判断される。

A商店会が監視カメラを設置したのは二〇〇六年のことであり、合計で四台が設置された。三〇〇メートルほどのアーケードの両端に一台ずつ、またその街路の中央部分を横切る二つの街路にそれぞれ一台が設置された。すべての監視カメラはアーケードから外部に向かって設置されており、通行人は商店街の入り口を通り抜けるだけでも撮影対象となる。監視カメラの形状は、非常に一般的な箱形にカメラレンズの付いたものであり、アーケードを支える柱や店舗の看板脇に鉄材で固定されている。いずれの監視カメラも、通行人の身長よりも一〜二メートルほど高い場所に設置されている。

管理責任者である商店会長の店舗は、商店会の事務局も兼ねており、そこで撮影した映像を閲覧できるようになっていた。事務局は裏通りに面した八畳間であり、部屋の片隅にテレビを改造したモニターと録画機が設置されていた。モニターを監視するための人員は配置されておらず、通常は録画のみを行っている。ただし、捜査機関の要請があった場合は、事務局に直接捜査員を通すことを認めてきた。商店会長によれば、事務局内で半日にわたり捜査員が録画映像を確認することもあった。映像の取り扱いや引き渡しに関する内部規定は存在するが、実質的には形骸化していた。規定をもうけた当初は、映像を厳密に扱うことを想定していたが、実際に運用が始まると映像を特定する作業や引き渡しの手続きに相当の手間がかかることが判明した。そこで、理事会で再調整し、映像については捜査機関の要請があった際に、その都度理事が話し合って決めるという方式に変更された。映像の録画期間は一四日と公表しているが、実際はもう少し長い日数分を保存している。設置にかかった費用は、おおよそ二〇〇万円であった。費用については、A商店会に出店する全国チェーンの企業が、所属する業界団体から二〇〇万円近い助成金を提供した。そのために、設置時の商店会の費用負担はほとんどない。以上のように、A商店会は比較的規模が小さく、観光客を相手にする商店会であり、監視カメラに関しては比較的弾力的な運用を行っている。

もう一つのB商店会は、大都市の繁華街にあり、その規模は非常に大きい。商店街の全長は一キロメートルにもなり、商店会の年間予算は億単位である。他都市の事例と同様に、郊外の大型店の増加や隣接地域の再開発によって来街者の減少が問題になっているが、現在でも当該都市における消費の中心という立場は揺らいでいない。商店街には、長く地域に居住する個人の店舗以上に、企業資本の店舗が目立つ。ファストフード店、カフェ、衣料品店、金融機関、大型書店などがその一例である。

ただし、近年では上述した郊外型店舗や他地域の発展に加え、商店主と顧客の高齢化による売り上げの減少傾向は続いており、以前ほどの活気がないと商店主たちは感じていた。そのために、商店会は従来以上に行政と連携したまちづくり活動に力を入れていた。

個人店舗には眼鏡・宝飾店、写真店、家具店などがあり、その店主が理事として商店会を運営している。理事はやはりほとんどが男性であり、中心的な理事の年齢は六〇～七〇代であった。商店会の継続性を考慮して、二〇〜三〇代の若年層も積極的に登用しているが、若年層の理事はまず商店会の周辺的な業務に関与し、徐々に重要な業務に就くことになる。本章で扱う監視カメラの設置については中心的な理事のみが決定に関わっていた。商店会長によれば、企業資本の店舗の店長にも商店会の運営に参加するよう呼びかけているが、数年で店長が交代するか、店舗自体がなくなってしまうこともあり、継続的な参加を求めることが困難である。そのために、やはりB商店会においても理事は個人店舗の商店主が中心となっており、理事の就任にあたっては、店舗の伝統、商店主自身の勤務年数、将来性、出生地などが大きな判断材料となる。

監視カメラは二〇〇七年に設置され、台数は四五台であった。A商店会と同じように、商店街の両端には外部を撮影する監視カメラもあるが、大半のものは街路内に設置されていた。監視カメラの形状は箱形と半円形のものが入り混じり、街路の支柱に取り付けられていた。街路のところどころには「防犯カメラ設置中」という表示を貼り付けていたが、店舗の看板や通行客の動きにまぎれ、それほど目立つわけではない。

撮影した映像については、商店会の理事をつとめる地主が所有するビルの一室に、モニター室を設けて管理していた。モニター室は通常無人で録画のみを行うものである。モニター室の出入りには、二名の担当理事がもつ鍵を同時に使用する必要がある。必要な映像の特定と持ち出しもこの担当理事二名が行い、捜査機関を含めた部外者の立ち入りは認めていない。映像の保存期間は二週間であり、公表されている期間も同じである。映像の録画と消去もモニター室の機器によって自動的に行われている。運用に関する内部規則については、理事と付き合いのある弁護士と相談し、明文化した条文を定めて行政にも報告した。ただし、こうした厳密な手続きを設けたことで、軽微な事件でも捜査機関から映像閲覧の依頼が届くたびに、二名の担当理事が予定を合わせることになった。それが頻繁になる時期は、手間であることに加え、店舗経営にも支障があるために、手続きの緩和も検討されていた。

設置にかかった費用はA商店会とは大きく異なり、三〇〇〇万円以上だった。費用の主な内訳は、監視カメラ本体、モニター、モニター室の開閉装置、設置に必要な支柱の建材費、配線費、工事費である。こうした費用のうち、商店会の負担分は一〇〇〇万円程度であり、残りは国と県と市の補助金であった。いずれも商業支援や街路整備の補助金が拠出されていた。[*2] こうした補助金を受給すれば、商店会は初期費用を軽減できるが、他方で費用の使途と設置後の運用状況を行政に報告する義務が生じる。また、この規模の台数になると、一般的には電気代や補修費などの維持費が毎年一〇〇万円以上かかるが、この費用については商店会が継続して負担することになっていた。また、監視カメラが耐用年数を過ぎれば相当数を順次入れ替えることになるが、その際は設置時に近い費用負担を余儀なくされる可能性がある。おそらく二〇〇〇年代に設置を行った商店会や住宅地は、ほど遠くない時期に、この入れ替え時期を迎えることになる。

このように、商店会の規模や方針によって監視カメラの台数や管理方法には差異がある。調査の事例から確認できるかぎりでは、規模の大きい商店会は台数が多く、管理と運用が厳格であり、規模の小さい商店会はその逆となっていた。規模の大きい商店会においては、明確な運用規定を定め、また監視カメラの落下事故が起きないように頑丈な支柱を発注するなど、設置にあたって比較的細かな点まで配慮していた。それに対して、規模の小さい商店街では、映像の利用も弾力的に行っており、また既製品のテレビを改造してモニターにしたり、アーケードの支柱に監視カメラを取り付けたりするなど、なるべく低予算で運用ができるような工夫が行われていた。

次節からはこの二つの商店会に加えてこの中間に位置する商店会の事例も含め、監視カメラ設置の過程を検討する。調査の方法は聞き取りであり、当初は商店会で監視カメラの設置を提案あるいは支持した理事と、現在管理と運用を行う理事を主要な対象とした。ただし、聞き取りを進めるなかで、しだいにその範囲を商店会外部の関係者にまで広げた。*3

それでは、なぜ監視カメラが設置されるのか、その理由を筆者の経験をふまえて確認してみよう。その経験はそれ自体が錯綜としていて、また少しおかしくもある一つの現実の過程である。

3　なぜ監視カメラは設置されるのか

いくつかの商店街で話を聞いて、まずわかったことは、監視カメラの設置に積極的に関与したのが、商店会の会長や街路整備を担当する理事などの数人の集まりだったということだ。監視カメラの設置に限ったことではなく、一般的な組織においてもそうかもしれないが、商店会の内部で新たな課題が検討される場は、商店主全員が集まる総会ではなく、商店会の理事が中心となって組織する少人数の委員会である。商店会に持ち込まれる新たな課題は、まずこの組織で議論がなされ、その細部が検討される。そして、ある程度練られた提案が総会に諮られることになる。調査で訪れたすべての商店会において、監視カメラの計画はそうした委員会から議論が始まっていた。この委員会に参加する理事の一人であり、A商店会長をつとめるT氏に、なぜ監視カメラを導入したのかを問うと、次のような複数の理由がまとめて返ってきた。少々長いが引用してみよう。

最初に設置したのは、犯罪を防止するということで、二〇〇五年に起きたあの事件があって、それで犯人が捕まったということから委員会等で話し合ってきて、それではやろうということになりまして。このA商店会でも犯罪を減らせるんじゃないかということで設置したところ、ちょうど、その設置した次の日に窃盗団が映っていたということがあって。それがH（隣県の都市）で捕まったということがありました。それから迷惑の防止ですかね。犬のおしっことかは困るんですよ。見てもらったらわかるんだけど、ここは全部敷石で舗装されてるでしょ。店の前とかにされるともう大変なんですよ。朝起きて開店する前に水で流すんだけど、とりきれない。で、それがね、カメラで見てみると、誰の犬かというのがわかるんですよ。それで注意しに行ったりとかね。[*4]

この後は、犬の排尿処理の他にも商店会に対する迷惑行為があったことを詳細に語る時間が長く続いた。

こうした語りは非常に理解しやすいようにも思えるが、実のところその内容はわかりにくい。というのも、設置の理由について尋ねたにもかかわらず、その点に関する語りはあまりに多義的であり、また大半は迷惑行為に費やされるなど、語りが豊富にすぎて逆に発端となった動機や過程が不明瞭だからだ。確かに全国的に有名だった二〇〇五年の事件報道に触れられているが、それから設置までは一足飛びに説明され、またその後はすぐに逮捕の効果や迷惑行為という理由が次々と追加された。

このわかりにくさを解消するために、犯罪の防止と逮捕の効果が混在している点に触れ、どちらが計画当初の目的だったのかと続けて尋ねたが、この点についてはやはり不明瞭な語りが続き、結局のところ最後まで明らかにならなかった。同様に、防犯という意味ではむしろ失敗だったとも解釈できる「窃盗団」についても、どのように次の日の逮捕につながったのかを尋ねたが、この点についてはT氏自身も十分には把握していなかった。というのも、「窃盗団」はもう一つの隣県であるNから流れて来て、A商店会を通り、Hで逮捕されたという過程を経ており、その全貌についてはA商店会に伝わっていなかったからだ。T氏は映像の確認のためにA商店会を訪問した捜査員から、その話を事後に伝え聞いただけで、「窃盗団」がどのような事件を起こしてきたのか、そもそも本当に「窃盗団」だったのかということについて詳細を把握しておらず、「そう聞いた」と述べるにとどまった。それに対して、「迷惑の防止」に関する部分だけは詳細を把握しており、内容は明確で語りの時間も長い。いわば、上記の語りは、問いに対する応答としてはわかりにくさが残るにもかかわらず、説明しやすい効果の部分については非常に明瞭だったのである。

確かに、これが語りである以上、あいまいな部分があることは不可避であり、むしろT氏はさまざまな例を挙げながら、とにかく犯罪や逸脱に対する不安があること、またその対応ができたことを伝えたかっただけなのかもしれない。しかし、そうであるならば、より積極的にA商店会やその周辺の地域における犯罪や不安の実情とその対応の内容について触れてもいいはずだ。なぜ、迷惑行為の対応というやや副次的な効果の語りが長時間にわたって続けられたのだろうか。この疑問を解消するために、迷惑行為に対する対応が地域にとっての監視カメラ設置の動機だったのかと質問をすると、次に表明されたのは外国人の増加に対する不安という動機だった。

ここらでも、OやP（企業名）やらの工場があるから。中国やらから働きに来た奴らが近くに住んでいる。そういう奴らがこっちまで降りてきたときには、ここの人間だという意識がないだろ。だから、何かあったらやってしまうでしょ。

確かに、国勢調査と基礎自治体の資料によれば、A商店会が所在する自治体では、一九九〇年代の中ごろから増加した人口のうち、一定の割合を外国人が占めていた。T氏は、こうした外国籍住民の増加が郊外の大工場や山間の小工場と関係していると捉えていた。その実例として、T氏は外国人労働者と直接会話をした経験について語った。T氏は、そのときの会話から、海外から来た労働者が低賃金であること、また工場のそばにある「タコ部屋」に住んでいたという論点を抜き出し、だから地域に所属しているという意識を持っておらず、犯罪を起こしやすいと語っていた。こうした語りを考慮すれば、T氏にとっての不安の源泉が外国人労働者にあると一応は理解することができる。

ただし、A商店会で実際に外国人労働者が犯罪を行ったことや、それが監視カメラに映っていたことはない。T氏自身も外国人労働者を例に挙げてはいるが、だからといってそうした人びとに過度な警戒心をもっているわけでもない。むしろ、T氏は多数の外国人労働者とイベントなどを通して交流を深めていた。[*5]さらに、商店会の他の店主や近隣の商店会の関係者は、外国人の犯罪について尋ねると首をかしげるか、「そんなに外国人なんていないでしょ」と口をそろえた。[*6]こうした反応についてあらためてT氏に尋ねると、全体的な数値の問題ではなく、外国人労働者のなかに何人か犯罪に手を染める者もいるとT氏は説明したが、やはりそうした理解を他の商店主は共有しておらず、それが監視カメラを設置する動機になったと考える関係者は確認できなかった。

このように、T氏の語りは非常に豊かなのだが、同時に茫漠とした部分が残り、A商店会に何度通おうが、どの理由が設置の発端だったのか、また具体的な議論の過程がどのようなものだったのかという点は不明瞭なままだった。そうした疑問を直接T氏に問いかけてみると、不良集団にも効果があったというさらに別の語りが示された。だが、やはりこのことに関しても、他の商店主は首をかしげるのみだった。

同様の事態は他の事例においても認められた。C商店会長のM氏は設置の理由を尋ねると、効果に関して非常に理解しやすい理由を複数挙げるのだが、そもそもの「端緒」はどのようなものだったのかという点についてはあいまいな語りを繰り返した。そこで、こちらから犯罪という論点を提示すると、犯罪については以前とほぼ変わらないが、万が一のリスクを考慮し、設置した方がいいと判断したと述べた。しかし、そうした蓋然性を理由として、数百万円の費用がかかる監視カメラの設置を進められたのかと問うと、M氏は次のような回答を示した。

まあでも、一流の商店会には付いているものかな、ということもあるしね。……その、アーケードやらなんやらと同じで、こう、セットであるもんと違いますかね。[*7]

この語りの前後には、犯罪の増加や外国人労働者も登場しない。M氏は、万が一のリスクに備えたという理由と、商店会としての一般的な感覚とでも言えるものが設置の理由だと説明したのである。

さらにわかりにくい事例では、設置を最初に提案した理事が最後まで確認できなかったというものもある。最初に聞き取りをした商店会長から、設置の過程に詳しいという理事を紹介されるのだが、その理事からはさらに別の理事を紹介され、その紹介が一周して元の商店会長に戻ってしまうのである。設置時に会長をつとめていたL氏は、設置の詳しい経緯については商店会の古株であるS氏の方が詳しいと言い、S氏は設置時の担当理事の方が詳しいと言ってF氏のことを教えてくれる。だが、F氏は設置が決まる前の議論についてはよくわからないと言い、別の理事であるW氏の名前を挙げ、最後にW氏が最も設置の経緯に詳しい人物としてL氏を紹介してくれたのだ。

このように、いくつかの商店会で話を聞いても、設置に至る動機の語りはどこかわかりにくい部分が残っていた。そのことを無理にでも理解しようとするならば、語り手は自分でも理由を十分に理解しておらず、何らかの不安に背中を押されているだけだとみなすこともできる。語られた理由は、すでに流布する語彙から、あるいは直近の記憶から、それなりに適合するものが選ばれたのだと解釈できないことはない。

しかし、そうした解釈には、設置に複数の人物が関わっていることを考慮すれば、やはり違和感が残ってしまう。商店会長や担当理事だけが危機意識をもっており、他の商店主との間で意見が一致しないにもかかわらず、設置が決まるとは考えられないからだ。また、商店会長や担当理事があまりにも明確に監視カメラの意義を語るということにも違和感が残る。事例によっては、犯罪に対する効果が不十分だったという意見や、あらためて考えると問題があったといった消極的な感想をもらす会長や理事がいてもいいはずだが、そうした声はまったく聞こえてこない。いずれの商店会においても、会長や理事は何かしらの意義や効果を語っていた。もちろん、それは聞き取りの状況や質問の仕方にも大きく依存するだろう。だが、そうした点を考慮したとしても、設置の動機に対する回答が必ずあいまいであり、また質問の仕方を変えてもそのわかりにくさが解消されないことは、疑問のまま残り続けた。

そこで、この点を検証するために聞き取りの範囲を広げ、設置の責任者である会長や理事以外の商店主にも、同様の問いを投げかけた。とりわけ注意して探した聞き取りの対象は、会長や理事ではないが、委員会の議論を詳細に知る立場にいた商店主や関係者である。

こうして出会うことができたのが、設置に直接関わった会長や理事から監視カメラの担当委員に「任命されてしまった」と語る商店主や、設置の背景を詳細に知る前会長、あるいは自治会の関係者だった。こうした人物からは、これまでとはまったく異なる語りが示された。聞き取りを始めた当初は、彼らも会長などと同じように監視カメラの効果や意義をあいまいに説明するのだが、いくらか時間が経ってから個人的な感想を尋ねると、「私個人ですか。そりゃ個人的には、まったくいらないと思っています」という意見を述べ始めたのである。[*8] 同じように、A商店会が所属する地区の自治連合会長であるK氏は、周辺の地域において犯罪の増加などは起きていないと指摘するとともに、T氏が言及しなかった設置の経緯を語った。

あのカメラっていうのは、まず予算があったからね。……あのときはまず警察の方から、というかその、話をしているなかで、U団体（A商店会に出店する全国企業が所属する業界団体）にこんだけ使えるお金があるんだけど、という話が出たというのがあって。それで、そこが資金を出してくれるから、じゃあ検討してみようか、防犯カメラなんてどうだという話になっていったということがあったんです。[*9]

K氏によれば、設置の発端は団体の助成金にあった。全国企業の店舗が所属する業界団体は、地域貢献の一環として毎年地域のいずれかの商店会に助成金を提供しており、それが二〇〇六年にA商店会にまわってきたというのである。業界団体は全国企業の店舗が地域とうまく交流できるように、地域貢献の事業を積極的に展開している。そうした事業の一つが防犯対策を目的とした助成金の提供であり、A商店会はその受給の打診をうけたことで、監視カメラに注目するようになったというのである。

また、この聞き取りに同席していた自治連合会の事務担当者は、「まあここは、そういうことがうまいというか、うまく資金を取ってくるということができる人が揃ってるし、地元団体や行政も、どこかに使ってもらいたいというときには、中心部がやっぱり目につくというか、すぐに思いつくということはあるね」と述べ、K氏の語りを補足した。[*10]

前節の末尾において「たらい回し」の事例を示したが、その商店会においても、これと似た設置の背景が存在した。現在は役職を退いた前会長のZ氏に、設置の端緒に助成金が関係したかを尋ねると次のように述べたのである。

> 私たちは、毎年時期になると市の人が来て、今年はこういう予算があるけど、どうしますという話になるから、そのときにもう資金の話はしていたということですね。……そのときに、カメラというのはどうですかという話が出てということね。[*11]

この商店会では、行政との間に比較的密な関係性が築かれており、新しい事業の展開や補助金の使用についても内々に打診されることがある。そのなかには費目が決まっている補助金もある。Z氏の言葉を借りれば、その年に関しては相談の時点で、監視カメラの設置をすることは「もう決まって」いたというのである。

以上のように、いくつかの商店会の事例からは、おおよそ次のような設置の経緯があると理解することができた。まず、団体や行政に費目や金額の決まった助成金や補助金があるときは、日常的に関係をもつ都市中心部の商店会に話がもちかけられる。その際に、団体や行政の担当者が先行する事例や他地域における活用事例を紹介する。そうした情報を提示したうえで、用途が監視カメラに決まっている場合はその受諾の可否が問われる。あるいは、街路整備や商業設備一般に関する予算の場合は、アーケードや敷石、防火設備などの設備に加えて、監視カメラを設置した事例も紹介され、商店会はそのなかから適当なものを選ぶ。ただし、都市中心部に所在し、財力のある商店会は、アーケードなどの設備についてはすでに行政の補助金などを受給して整備していることも少なくない。そのために、この二〇〇〇年代の中頃の時点においては、比較的新しい設備である監視カメラは選択されやすかったと考えられる。実際に、地域において監視カメラの設置が一段落すると、同様の予算が次年度からは、高齢者の安全対策やＡＥＤの整備などに利用されていた。

つまり、上記の商店会の監視カメラは、動機が自発的なものだったとは言えない部分があったということになる。そのために、すでにA商店会長がそうであったように、商店会のなかには監視カメラを設置する動機を、防犯以外の用途も含めて豊富に説明し、説得力をもたせようとすることがあった。例えばB商店会における次のような事例を確認することができる。

最初にカメラを設置しようというのは、この辺は……時間によって街の表情が変わります。……昼間だったら働いている人とかだし、休みだったら違います。で、そうしたお客さんの移動や、どのくらいの人が来るかというのを、前からうちでは、カウンターで測っていたんです。ただ、人数はわかるけども、どういう服装か、何人連れか、男女とか、というのはわからないので、そういうことを調査しよう、というのが始まりですね。[*12]

B商店会では、設置の前後における犯罪の推移については、以前と大差がなかったために、監視カメラの最大の効果である犯罪を減少させるという理由が、計画の提案や合意の形成にあたって十分な説得力をもたない可能性があった。しかし、それでは計画を進められないことから、R氏をはじめとする理事たちは、委員会のなかで、さまざまな理由を追加するようになった。その一つが、従来から商店会の内部で議論になっていた来街者の調査だった。R氏は、これ以外にも、街路灯や通信回線などの配線工事を同時に行えるという理由や、災害時や防災訓練時の街路の状況確認、さらには効率的な商店会の運営のために、将来的に映像データを利用する可能性なども理由として付け加えていた。

このように、上記の調査事例においては、外部からもちかけられた助成金や補助金が発端となり、設置計画が着手されていた。それから商店会の内部に委員会が設けられ、他の商店会の資料や視察などを通じて、設置計画の細部を詰め、複数の企業に見積もりを要請していた。そして、計画がある程度定まってから、商店会長などの担当理事と委員会が提案者となって、総会に監視カメラの設置計画を示すことになっていた。

5　監視カメラをめぐる「物語」の構成

もちろん、総会における議論の際には、設置計画を疑問視する意見も表明される。最もよく表明される意見は、計画の困難を指摘するものであり、とくに費用をいかに工面するのかというものである。しかし、これまでに確認したように、それは計画の動機そのものでもあった。そのために、表明された意見に対しては、助成金や補助金を獲得する見込みがあり、費用の大半を賄えると委員会はすぐに返答する。[*13] また、助成金や補助金によって補いきれない部分があれば、提案者は事前に中心的な理事と協議し、商店会が運営する駐車場の収入の一部を割り当てる、あるいは商店会の供託金や積立金を使用するといった解決策を用意する傾向にある。それにより、委員会は可能なかぎり各店舗に新たな負担を求めることはないと付け加える。

また、こうした疑問を表明する意見に対しては、委員会の関係者が設置の効果や意義を次々と挙げ、むしろ反対意見が孤立した数少ない問題であると印象づけることもあった。総会においては、団体や行政、あるいは防犯機器を扱う企業なども参加し、犯罪情勢の変化に関する数値や監視カメラの効果を示す資料、さらに他の地域における設置の事例を紹介する。委員会は、こうした資料や事例を用いて設置の効果を強調しつつ、それぞれの商店会の事情にあった意義を列挙することになる。前節までに示してきた理由の他にも、防犯効果による地価の上昇、「安全・安心」をうたい文句に集客ができるなど、実にさまざまな理由を挙げることができる。

いわば委員会とは、入手した理由や資源を整理・順序化して、設置を正当化する意味づけを作り出す場だった。この意味づけは、総会とそれ以降の地域における議論の際にその都度参照され、一定の影響力をもち続けることになる。

ただし、こうした意味づけを作り出せたとしても、第1章で示したとおり、監視カメラは必ずしもそれを証明するわけではない。説得のために示した意味づけを事後に証明する必要がある場合には、委員会はいくらか困難に陥ることになる。商店会内部において問い直しがあった場合もそうだが、とくに行政の補助金を使用すれば、多少なりとも設置による効果や意義を文書などで報告しなければならず、こうした際に委員会は面倒な問題に直面する。もちろん、総会と同様に提供される資料を使いながら、商店会の内部に対してはもう一度効果や意義を列挙し、行政に対してはそれらに加えて、「地域力の向上」のように監視カメラの設置の過程が地域のつながりを強めたといった説明が追加されることになる。しかし、そもそもの動機が外在的であるために、こうした意味づけについても決め手があるわけではない。反論や状況の変化があれば、委員会は常に何らかの理由をその都度作り出し続けなければならない。聞き取りのなかでも、設置の理由づけに苦慮する理事の様子を垣間見ることができた。聞き取りの終わりに、ある商店会の会長は次のように言及したことがあった。

じゃ、最後にこっちが聞きたいんだけど、設置した後で行政の方に結果報告をするときに、向こうを納得させるような効果としては、どんなものを書いたらいい[*14]?

このように、委員会の理事たちは、不安に促されて監視カメラを求めるというよりは、外部から用意されたシナリオを、地域に合った形に再編する役割を果たしていた。もちろん、そこに商店会にとっての意義を上乗せするといった意図は十分にありえる。

ただし、こうした地域の文脈を重視した語りが、監視カメラの設置のあらゆる背景だと簡単には考えられない。理事や商店主のなかには、地域社会が以前よりも多様な出店者や来街者を迎えるようになり、不透明性が増したという、ある種の不安語りをする者もやはりいる。その意味で、人びとの不安という理解が監視カメラの設置にまったく影響を及ぼしていないとは考えられない。

しかし、そうした不安語りと同時に、それを否定する語りが豊富に認められたことも確かだ。監視カメラの設置にあたって、地域における変化や不安に応える効果を見越していたかという質問に対して、理事たちのなかには「いや。そんなの全然。気にする人が気にすればいいという程度でね」というように、不安の広がりを否定する者もやはりいる[*15]。こうした理事は、不安や治安の悪化が身のまわりにあるとは感じておらず、むしろ社会的に話題になっているから、そう感じる人もいるはずだというように監視カメラを戦略的に扱おうとする。そうした理事のなかには、不安や治安の悪化を逆手にとり、監視カメラを広告として利用しようとする者もいた。商店会にマスメディアの取材が入った際に、監視カメラについて質問されることを迷惑に思うかと尋ねたところ、上述したT氏は「いや、どんどん来てもらいたい。付けてるっていうことで宣伝になるし」と語った。

こうした不安に対する意味づけの差異は、そもそもそれが語りだということも含めて、どちらかが正しいのではなく、おそらくどちらも正しいと考えるべきなのだろう。重要な点は、そう捉えたとしても、監視カメラの設置に関して言えば、これらの語りはいずれも、その設置を促す役割を果たしうるということだ。不安語りはそのまま監視カメラの設置に親和的であるし、不安を否定しながらも戦略的にふるまう語りもまた、監視カメラの設置に意味を見出しているからだ。その目的はさまざまであり、一部の理事は自らの威信を獲得・保持するために、あるいはただこれまでの団体や行政との関係を維持するために、不安に敏感な理事や商店主の語りを支持する。

このように、外部から与えられたシナリオに二つの不安語りが結びつくことで、監視カメラの設置を正当化する意味づけは首尾よく成立し、地域における現実として作用するようになる。もちろん、不安語りをする理事や商店主にとっては、不安は社会的な条件としてあらかじめ成立していると理解されるのだが、それが委員会や総会という場の定義として成立するためには、地域の文脈を考慮した戦略的な支持が一定以上集まらなければならない。そのために、不安という概念は、監視カメラの設置にあたって背景をなすが、同時に地域の文脈を通してはじめて現実化するものでもある。

こうした地域における絡まり合いから現実が構成されると、設置に対してとくに意見をもたない無関心な理事や商店主は、個別に説得されるようになり、しだいに反対意見を述べる商店主は周辺に追いやられるようになる。不思議なことに、地域に不安や監視カメラの効果を信じる者がわずかであっても、批判者は準備された説明を前に反論の根拠を見失うことになる。

これとは逆に、監視カメラの効果を信じる理事のなかには、設置した後になってからその効果が不明瞭だと気づく者もいる。だが、こうした理事が主張を撤回する可能性はほとんどない。多額の助成金や補助金を受給しているために、計画を支持した者には責任がともなうからだ。一部でも商店会自身が費用を負担した場合はなおさらである。やはり補助金が端緒になっているが、動機として街路灯の破損対策を挙げる商店会の事例においては、設置後に監視カメラ運用の費用が街路灯の取り替え費用と変わらないことが判明した。しかし、前商店会長のZ氏はそのことを周知はしていない。「だけどそれは言えないでしょ。みんなから集めたお金でカメラを付けたんですから」と述べ、その結果があまり広範に伝わらないように配慮していた。このように、設置後に問題が判明することがあるが、監視カメラの設置の過程は、それが意味をもたないような現実をすでに構成している。

また、設置後に関しては、逆に設置の正当化を補完する理由が見つけ出されることもある。

始まってみると、こんなに犯罪があるのかと思いました。これまで商店会とは全然関係ない、知らないような犯罪があるものなんですよ、これが。角に隠れていろいろやってる奴がよくいるんです。

監視カメラはその性質上、設置すればいつかは必ず逸脱行為を撮影することになる。たとえ、それが膨大な時間のなかで起きたほんのわずかな数の逸脱行為だったとしても、監視カメラはその瞬間を切り取ることができる。そのために、こうした意義を確認した後に、それをはじめから想定していたように遡及して、監視カメラを正当化する語りが示されることもあった。

さらに、こうした理由が作り出せなければ、効果が見当たらないことに意義があるという、逆転した正当化の語りも認められた。その典型例は「まあ効果がないなら、それにこしたことはないでしょ。何にもないんならそれが一番いいことですよね」という語りによって示された。この語りは、設置の動機がどのようなものであれ、地域が平穏であればよく、逆に事件が起きれば監視カメラの意義があったというように、防犯と監視の二つの効果を場合によって入れ替えて、監視カメラの意義を説明する。こうした論理も監視カメラの設置後には可能となっており、またそれが遡及的に監視カメラ設置の動機として提示されていた。

6　おわりに

このように、監視カメラの設置には、地域の文脈が一定の役割を果たしており、それにより設置を支持する現実が作り出されていた。また、この現実のなかでは、設置の過程を反省的に捉える語りが公的に表明されることはほとんどない。すでに指摘したように、設置を支持した者は、十分な理由を準備しているうえに、設置を進めたことに対して責任をもっており、設置後に疑問をもつことがあっても、もはやそれを問い直す機会をもたない。もちろん、外部からそれが明らかになることもない。他の商店会やマスメディアの訪問があり、設置の状況について問われれば、すでに準備した説得の論理のなかから、適宜通用しそうなものが伝えられるからだ。とくに、犯罪の減少効果や不安の解消といった理由は、社会的に広く流通しているために、最も説明しやすい理由となる。商店会と外部の訪問者は、監視カメラ設置の経緯に関する話し手と聞き手として、地域において構成された現実を、既存の論理によって確認し合うことになってしまう。それは構成された現実が社会的に広がることを支えているとみなすことができる。

強調しておきたいのは、これが地域の不正や隠蔽を暴露しているわけではないということだ。本書が取り上げる監視カメラの設置をめぐる過程のなかに、違法なこと、あるいは逸脱的なことは一切ない。商店会の理事が戦略的にふるまったり、不必要なことに言及しないとしても、それは地域の発展や維持を十分に考慮した結果であり、その是非を外部から簡単に裁断することはできない。また、前述したような地域と行政との関係は、ごく一般的なものでもある。行政が新しく地域の事業を展開するときに、地元の意向を確かめることは、本書の事例に限らず、どのような施策においても実施されている。その点で、監視カメラの設置の過程は、取り上げた事例に限らず、どこにでもある一般的な地域の過程を表している。

だが、こうした錯綜とした設置の過程が存在するにもかかわらず、社会的には不安と効果の語りが前景化した現実が広がっているとすれば、もう少しそれを考え直す手がかりがあってもいいだろう。監視カメラをめぐる現実は、常識化した制度や習慣を指す「神話」とまでは言えないかもしれないが、現代社会において、一つの「物語」として構成されつつあり、ときにそれは次に続く議論の出発点として与件化されている。

こうした与件化が、監視社会研究のなかでも行われてきたのではないだろうか。犯罪対策の必要性を指摘する研究にしても、プライバシーの擁護や新たな権力の形式を主張する研究にしても、社会的に流布する表象のみを扱ったものは、その表象とは異なる表象がありうることを検証せずに、既存の論理を事実として与件化してしまうからだ。地域において構成された現実と、社会の分析はともに、監視カメラには賛成と反対があるが一定の効果は認められるという論理を前提とすることで、それを社会に広く浸透させ、同時にその論理の再利用を準備してきた。[*16] それが、監視の広がりはある程度やむをえないという監視社会研究の結論の一つにもつながっていたのではないだろうか。

調査のかぎりではあるが、実際には安易な社会の監視化を求める者は地域にはほとんどいない。そうであるならば、社会の変化に対して別様の可能性を見出せるように、構成された現実を再考することに一定の意義はあるだろう。

注

＊1　以下では、監視カメラを設置する商店街の組合を「商店会」と表記する。ただし、商店会以外の関係者を含める場合や、地理的な区分を表す場合には「商店街」と表記する場合もある。
　また、ここで取り上げる商店会や個人の匿名性を確保するために、本書は事例の詳細を意図的に改変している。このことは以後の章においても同じである。

＊2　こうした補助金を活用する手法とは別に、東京の小岩のように地域住民だけで三三〇〇万円を集めた事例も確かにある。他にも、同じ地域に先行して監視カメラを導入した商店会と通信回線を共同で利用することによって費用を抑えたという事例も認められた。

＊3　聞き取りを選択したのは、設置理由とその過程の把握に関しては、聞き方を調整でき、質問を重ねられる手法が適切だと判断したためである。聞き取りの際に録音機器などは使用しなかった。このために、本章で示す語りの記述は、メモから再構成したものである。

＊4　T氏は五〇代の男性であり、A商店会長をつとめる。自身は洋菓子店を経営している。

＊5　付言しておけば、一般的には異分子としてカテゴリー化される傾向にある外国人労働者が、T氏においては両義的に扱われている様子も確認できた。
　T氏は、外国人労働者というカテゴリーを使い、そうした人びとが起こす「犯罪」に対処する必要があると一方で捉えながら、他方でそうした外国人労働者の「犯罪」が、悪質な住居や不定期な仕事、低賃金、社会関係の希薄性といった要因から引き起こされることを指摘していた。そのために、こうした要因を地域の取り組みを通して変更できれば、外国人労働者との関係を改善できるという希望をもっていた。

その一例として、出会った際に必ずあいさつをするような声かけ運動や、外国人労働者と地域住民でお互いの地元料理をつくるなどのイベントを開催し、外国人労働者が地域社会と関わる機会を提供するという取り組みをA商店会において実施していた。

他の商店会においても「外国人の増加」について尋ねたが、同様の語りが認められた。別の商店会長であるQ氏は、確かに留学生が以前よりも増加したと感じるが、こうした留学生が危険な存在という印象はもっていないと語った。むしろ飲食店のアルバイトなどを通して商店主との接触も多く、商店会の一員として考えるべきだという語りを示していた。

＊6　V氏およびK氏の二人が同席した際の語りである。V氏は五〇代の男性であり、商店会の会長をつとめる。自身は土産物店を経営している。K氏は六〇代の男性であり、副会長をつとめる。水道工事の仕事に従事している。

＊7　M氏による語り。M氏は五〇代の男性であり、商店会長をつとめる。自身は日用品店を経営している。

＊8　I氏による語り。I氏は六〇代の男性であり、B商店会の防犯委員をつとめる。自身はビル経営をしている。

＊9　K氏による語り。自治連合会とは、地域における自治会をまとめる上部組織を指す。当該繁華街にも各自治会の連携組織として自治連合会があり、その会長が連合会長である。K氏は商店会の設置事例に関して、詳細な情報を知る立場にあるが、商店会からすれば部外者となる。

＊10　J氏による語り。J氏は五〇代の女性であり、A商店会を含む地区のまちづくり団体の事務員である。

＊11　Z氏による語り。Z氏は六〇代の女性であり、D商店会の前会長だった。自身は化粧品店を経営している。

＊12　R氏による語り。R氏は七〇代の男性であり、B商店会長をつとめる。自身は眼鏡・宝飾店を経営している。

他にも次のような事例がある。「まあうちでは、照明のことがあったというのが一番の理由だったみたいです。その外のところに照明があるんですが、かなり背丈が低いんですよ。それが夜になると非常に見づらい。特にトラックとかは座席が一段高いもんですから、運転席から見ると下は見づらくて気づかないんですね、ぶつかっても。それで放置しておくとか、まあ知らんぷりして逃げていくということが相当あったというのと、ぶつけられた照明が一本で数十万円もするんで、その付け替え費用もばかにならんということで、じゃあまあカメラでも付けて誰がやったか確認しようということで、付けたみたいですね」（G氏による語り。G氏は六〇代の男性で、商店会の事務長をつとめる）。

＊13　行政が補助金の使途について都市中心部の商店会に声をかける背景には、こうした負担分の存在も関係していると考えられる。商店街の設備を整えるための費用はあくまで補助金であり、商店会の負担分は少なからずある。たとえ、それが全体の四分の一であっても、整備事業全体が高額ならば商店会の負担分も増える。それは、ときに数百万円に達するために、整備事業に参加できる商店会は、来街者が多く、比較的予算に余裕のある都市中心部に所在するものということになるだろう。

＊14　Y氏による語り。Y氏は六〇代の男性であり、自身は文具店を経営しており、商店会の前会長だった。

＊15　Y氏による語り。

＊16　このような抽象的な枠組みによる現実の固定化の危険性についてはさまざまな観点から同種の指摘がなされている。例えば、松田素二は人類学史の検討のなかで、恣意的に選定された対象に、既存の定型化された知見をあてはめることは、ほとんど創作に近い活動であり、「レトリックの詩学」とでも呼べると指摘している（松田 1999）。

第4章　現代の閉じた卜占

1　はじめに

前章では、地域における関係者の絡まり合いの過程を通じて、監視カメラの設置が正当化されることを確認した。しかし、こうした説明には一つの疑問が残る。この過程を経て選択されたものは、なぜ監視カメラだったのだろうか。いくら助成金や補助金があり、その使途が防犯に限定されていたとしても、その範囲においてどの装置を選択するかということは、地域の人びとに委ねられているはずだ。数ある使途のなかで、人びとはなぜ監視カメラを選択するのだろうか。

この問いについては、監視社会研究を参照しても十分には明らかにならない。第1章において確認したように、社会の監視化を分析する研究は多様だが、それらはいずれも依拠する枠組みにとっての事例の一つとして、監視カメラを取り上げてきたからである。これまで監視カメラは他の技術や現象と並置され、その固有性に十分な注意がはらわれてこなかったと言ってもいいだろう。しかし、これほどまでに市場規模が大きく、社会的な関心も非常に高いとすれば、監視カメラがどのような意味で魅力的なのかを、もう少し詳細に検討する価値はある。

本章はこの問いを考察するために、監視カメラの特徴に焦点を合わせる。その際に経験的な水準、とりわけ前章のような人びとの間の絡まり合いではなく、人びとが監視カメラといかなる関係性を結ぶのかという観点から検討を行いたい。ただし、このように従来とはやや異なる焦点の当て方をするのならば、分析の枠組みについても再考する必要があるだろう。そこで、以下ではまず人びとと監視技術の関係性に言及する既存の枠組みを整理し、さらにその内容を詳細に検討する古典を参照してから、監視カメラの特徴を把握するという手順をとる。この作業を経ることによって、公表される資料や理由語りからは跡づけにくい監視カメラの独特の魅力にはじめて迫ることができるだろう。

2　監視カメラの経験的な機制

これまでは監視社会研究が社会の質的変容の分析に焦点を合わせていると指摘してきたが、そのなかの記述には、人びとと監視技術との関わり方や相互作用に触れる箇所も確認できる（Young 1999=2007: 259; Bauman, 2000=2001: 233; 酒井 2001: 271）。確かに、こうした記述はあくまで監視技術一般を想定しており、監視カメラを分析の主眼にしているわけではないが、監視カメラの経験的・現象的な位相を理解するという本章の目的からすると、ここで取り上げておくべきだろう。ただし、その記述の要点は、基本的には監視社会研究の枠組みから離れてはいない。つまり、社会の質的な変容が不確実性をもたらすという監視社会研究に共通する枠組みを基盤に、監視技術がそれを軽減するという機制を追加したことがその要点である。それは次のようにまとめられるだろう。

二〇世紀の半ば以降、脱福祉国家化と国際的な人口移動、あるいは解放の政治による諸権利の拡大により、近代社会の枠組みは大きく変化した。それまで人びとが依拠する基盤と考えられてきた家族や企業などの関係性や組織は、よりいっそう流動的なものになったのである。それはこれまで以上に社会的な役割を自由で可変的なものにしたが、同時に比較的固定的な関係性や組織に依拠してきた個人のアイデンティティはさらに不確実で壊れやすいものになってしまう。人びとはこの流動性の増大に耐えきれず、何らかの方法で自己や依拠する共同体の正当性を高めようとする。そこで登場するのが監視技術である。逸脱者や外国人などの「異物」と措定できるカテゴリーとの間に境界をもうけて排除することで、それとは異なる存在としての自己や共同体を確認しようというのである。ただし、監視技術の媒介によって安定する自己や共同体は、それほど強固なものではない。むしろ、それはオンラインの流れて消える情報のように、炎上と忘却を繰り返すような一時的に結集する自己と共同体であり、対象となる異物もその都度、姿を変える流動的なものである。Z・バウマンは、そうしたかりそめの自己や共同体のことを「カーニバル」や、出し入れできる「クローク」のようなものと評価した（Bauman 2000=2001: 259）。

こうした理解は、監視カメラをはじめとする監視技術の社会学的な分析としては、おおよそ同意できる内容をもつように思える。しかし、そうだとしても第1節で示した問題が十分に解消されたわけではない。やはり、こうした分析は、監視カメラがいかに巧妙に排除と正当化を達成するのかという具体的な機制を明らかにしないために、さまざまな監視技術を同質のものと捉える理解にとどまってしまうからだ。そのために、なぜ監視カメラという技術にばかり人びとは注目し、語りたがるのかという問題に十分に答えられない。このように、経験的な位相に言及する研究は、不確実性の軽減と自己の正当化という機制に触れながらも、その詳細を明示しないために、これまでの研究と同様の地点にとどまってきたとみなすことができる。

もちろん、こうした研究は、相互作用の観点から監視の問題を分析する方向性を示すことから、本章の問いに対する大きな手がかりとなっている。不足しているとすれば、なぜそれが監視カメラに対する人びとの関心につながったのかという論点である。そこで、本章はこの分析の方向性を踏まえながら、その不足を埋めるために、一度関連する古典の説明に立ち戻る。それにより、不確実性の軽減がどのような機制から可能になり、なぜ人びとはそれを求めるのかという点を整理することにしよう。

3　分析の枠組み

社会学においては、不確実性の軽減に関連する最も有名な分析として、R・K・マートンの紹介したホピの雨乞い儀礼が援用されることがある（Merton［1949］1957=2007: 58）。周知のとおり、雨乞い儀礼はその成否にかかわらずその参与自体が人びとの凝集性を高め、共同体の再生産と正当化を果たすことから、結果的にこの儀礼が不確実な状況を制御する機能をもつというのである。しかし、このマートンの分析には批判も寄せられている。とりわけ有名な批判が、A・ギデンズによる動機付けの欠如という議論である。ギデンズによれば、マートンの記述が直接的に明らかにしていることは、儀礼が社会の再生産に寄与するという構造的な分析の範疇に限られ、なぜ社会の再生産のために人びとが「非合理的」な実践を繰り返すのかという点については十分な説明がなされていないことになる（Giddens 1979=1989: 234）。つまり、外部の観察者にとって、雨を降らせないこともある儀礼が、社会の再生産のために必要であると理解できたとしても、そこに参与する人びとにとって一体何の意味があるのかという問いを、ギデンズは投げかけているのである。

そこで、本章はより詳細に人びとの実践の過程に踏み込むために、ある民俗誌の事例を分析の手がかりとする。ギデンズがマートンの枠組みに勝ると評価したE・E・エヴァンス＝プリチャードの「ザンデの毒卜占」である[*1]（Evans-Pritchard 1937=2001: 293）。アフリカ中央部に暮らすザンデの人びとは、判断の難しい不確かな問題に直面するとよく鶏占いを実施し、人生の予測や妖術師の発見を行おうとする。それは次のような過程で進む。

まず、家族や病気の問題に悩む数人の「質問者」は朝方に鶏をもち、集落から離れた叢林や開墾地に向かう。向かう先には卜占を実施する「操作者」がすでにおり、場を整え用具の準備を進めている。質問者たちは到着すると、操作者に鶏を渡し、座って質問の順番を相談する。それが終わると操作者は準備した毒を水でこね、質問者ないしは質問を代行する「相談者」の合図とともに鶏に食べさせる。[*2] 鶏が毒を飲み込むと同時に、質問者か相談者は問いかけを行う。「Aの病気の原因になっている邪術は消えるだろうか。もしそうなら鶏を殺せ」といった内容である（Ibid: 348）。これを繰り返し唱えている間に鶏が変化を起こす。人びとはその生死という結果だけではなく、どのくらいの時間をかけて鶏が死んだのか、一度倒れたのに生き返ったなどの経過も考慮し、ときにお互いの評価を確かめながら結論を導き出す。もし、その結論の妥当性やさらに詳細な情報を知りたければ、「Aの病気は旧居留地に住む誰かのせいだろうか」などと質問を変えてふたたび卜占を行う。これを数回行うことで、質問者は妖術の「犯人」の情報まで得ることができる。

もちろん、こうした卜占は現代から見れば怪しげに映る。あまりにも偶然性が高く、判断の根拠として信頼の置けるものには思えないからだ。現代において、ある者が卜占の結果をもって他者を「犯人」と指弾すれば、その判断は非合理的とみなされ、笑いの種にしかならないだろう。しかし、ザンデの人びとにとって卜占は十分に信頼に足るものだった。それどころか卜占は必ず当たり、「議論において相手を完全に納得させ、黙らせる唯一の根拠を提供するもの」ですらある（Ibid: 307）。では、なぜこのような信憑性が生まれるのだろうか。

浜本満にしたがえば、これを説明する最も有力な方法はV・ターナーらが代表する「社会学的アプローチ」である（浜本 1983: 28）。このアプローチは、人びとが卜占を行う理由を、自らの意図を正当化するためだと説明する。すなわち、質問に対する社会の常識的な理解を鶏の生死によって明らかにし、卜占の結果として権威づけることで、事実に仕立て上げてしまうのが卜占の役割だというのである。実際にこの説明を支える事例はいくつも存在する。ある民族社会では、質問者が気に入らなければ納得いくまで何度も卜占をやり直すことがある。また別の民族社会では、占い師が人形の入った篭を振り、人形の位置や重なり方という視覚的な結果を提示すると同時に、「二〇の扉」のような質問を通して質問者の反応を読み取り、徐々に納得しやすい回答に近づけるという事例も挙げられる。それにより、卜占の視覚的な結果がどうあろうと、最終的に人びとの意図に沿う結論が導き出される。

ザンデの毒卜占も同様の観点から説明することができる。あらためて卜占を振り返れば、結論に至る過程にはさまざまな人びとの解釈が紛れ込むことがわかる。卜占では、単純な鶏の生死だけではなく、そこに至るまでの状態も評価の対象となるし、その評価をめぐって人びとは相談をすることがある。また結論が本当に妥当かどうかをめぐって再検証も行われる。もし再検証の結果が前の結論と矛盾してしまうときは、「鶏が妖術の影響を受けて狂った」といった理由がつけられたり、問いかけの際に「情報が足りなかった」などの意見が相談者や年長者から寄せられたりする。こうした解釈により、鶏の生死がどちらに転ぼうと、人びとは元からもつ意図を正当化できると社会学的アプローチは説明する。

この過程を整理すれば二つに場合分けできるだろう。まず、鶏の死が意図に沿う場合は、それを権威づけ事実化すればよい。鶏の死という誰が見ても明らかな結果を事実と断定し、いかに「犯人」がよく見えたかを強調するのだ。厳密な手続きを経た卜占の結果は、作為の入り込む余地のない事実そのものと考えられ、人びとはその結論を疑わない。また、卜占に指示された者は間違いなく妖術師なのだから、反駁を受ける心配はほとんどない（Evans-Pritchard 1937=2001: 390）。このように、人びとは卜占から問題の概要と「犯人」像を受け取り、それを共有することで直面した困難を解消する。

次に、卜占が意外な結果を指示するときはどうだろうか。この場合は、上述した「妖術の影響」のように卜占の前に問題が起きていたと論点をずらす。妖術以外にも理由には事欠かない。間違った毒草を採取した、毒が古くなり効力を失っていた、このなかの誰かが禁忌を犯していたなどである（Ibid: 380）。

したがって、卜占は次のような機制で不確実性を軽減し、質問者とその理解が依拠する社会の正当化を行うと考えられる。まず、前提として卜占は一定の成員からなる共同体で行われる。その手続きは厳密であり誰が見ても明らかな結果を提示するために、卜占は作為の入り込む余地のない事実そのものだと考えられている。卜占を実施すると鶏の生死はランダムに起こるが、いずれの場合にも解釈が入り込む。結果が人びとの意図に沿い、妖術師を明示する場合はそれを強調して、やはり卜占は正しいと結論づける。卜占の結果が意図に沿わない場合は、卜占の実施以前に何らかの問題が起きていたなどと論点をずらす。それにより、卜占は質問者の意図を事実化し、その意図の源泉である社会を正当化する。

このように、ザンデの毒卜占とは二方向の解釈からなる複合的な過程であり、それが卜占を決して外れないものに仕立て上げている。[*3] もちろん、卜占には他の機制も備わっているのだが、共同体の正当化が中心的な機制の一つであることは間違いない。そして、この機制を踏まえて現代の監視カメラの特徴を検討すると、非常によく似た仕組みが働いているように見える。

4　現代の卜占としての監視カメラ

4－1　現代の監視カメラの特徴

それでは現代の監視カメラの特徴とはどのようなものだろうか。すでに第2章で示したように、戦後の日本社会において監視カメラが広がる際には、多様な用途や型式が存在したという経緯もあり、また以下の議論のために必要な条件を理解してもらうために、あらためてこの二〇年ほどの間に増加した監視カメラの特徴を確認しておこう。

現代の監視カメラの特徴は、第一に、防犯を目的として自治会や商店会などの「コミュニティ」によって運用されることにある。確かに監視カメラは一九六〇年代から警察によって運用されており（『朝日新聞』一九六六年七月一日夕刊）、釜ヶ崎の一五台や歌舞伎町の五〇台に代表されるように現在もそれは継続している（『判例時報』1994: 138; 浜島 2004: 97）。しかし、これと並行して一九九〇年代から繁華街の商店会、また二〇〇〇年代からは住宅地の住民が運用を行う事例も急増していた（セキュリティスペシャリスト協会編 1998: 10;

『朝日新聞』二〇〇七年二月一〇日）。住民は商店会や自治会という既存の組織の内部に委員会を作るか、組織を再編して監視カメラの運用を行い、犯罪や迷惑行為が発生した際の対応を試みる。いわば、現代の監視カメラは、コミュニティを形成する人びとが問題の起きたときに諮問する装置になりつつあるということだ。

こうしたコミュニティ型の監視カメラが増加するとともに、撮影と録画の自動化という特徴も顕著になりつつある。すでに述べたとおり、監視カメラはこれまでにプライバシーに関する論争を引き起こしてきた（『判例時報』1988: 152）。問題の発生を予見できないまま監視員が公共空間を撮影すれば、通行人の肖像権を侵害する可能性が生じてしまうためである。しかし、撮影と録画の自動化によりこの状況は大きく変わった。問題が発生した後に映像を検証することは、その解決に必要な措置であり、プライバシーの保護に優先すると認められるようになっているからだ。こうした事情を踏まえて、住民管理の監視カメラでは監視員によるモニタリングはせず、自治会館や商店会の事務所で映像の保存のみを行い、必要なときは捜査機関の要請にしたがって映像を提出するという厳密な手続きが成立した。現代の監視カメラには住民と捜査機関の役割分担があると言ってもいいだろう（『毎日新聞』二〇〇三年七月一七日；セキュリティスペシャリスト協会編 2004: 42）。ただし、それは住民の側からすると長所ばかりではない。プライバシーの問題を避けられるかわりに、映像の内容や評価の過程が捜査上の機密となってしまい、住民には直接伝わることがないからだ。[*4] 人びとは監視カメラの運用者でありながら、その情報に関しては部外者と同じような受け身の立場に置かれてしまう。

さらに、住民間の対立と説明責任という点も現代の監視カメラの特徴である。ほとんど公的に表象されないことだが、住民のなかには設置計画の説明会や会合の際にさまざまな観点から異議をとなえる者がいる(『セキュリティ産業新聞』二〇一〇年七月一〇日号)。そのために、設置に向けた住民説明会が数十回に及んだり、賛成派と反対派が感情的な議論を繰り返したり、設置が終わった後になっても両者の間にわだかまりが残ることもある。そうした異議申し立てに直面する賛成派の人びとは、なんらかの理由をつけて監視カメラの意義を主張しなければならない。同様のことは、税金の使用に対する説明責任という側面からも求められる。街路や住宅地を取り囲むほどの監視カメラを設置するためには、住民の自己負担をこえた費用が必要になる。八二台の監視カメラを設置した商店会の事例では、設置費用が六六〇〇万円にものぼるため、五〇〇〇万円は行政の補助金で賄っている(『京都新聞』二〇〇四年二月二四日)。このように多額の税金を使用する場合は、設置者はなんらかの意義を報告せざるをえない。しかし、その意図に常に応えられるほど監視カメラは万能ではない。第1章において示したとおり、監視カメラの防犯効果に関して明確な結論は出ていない。調査を実施するとしても、全国で犯罪認知件数が減少していること、公共空間に設置したがゆえに非常に多様な要因が関係することを考慮すれば、効果の認定は簡単ではない(セキュリティスペシャリスト協会編 2003: 25;『北海道新聞』二〇〇五年四月二〇日)。一時的に事件の解決に寄与することがあっても、それ以外の膨大な時間は防犯の役割を果たせないこともある。それが監視カメラの現実の姿である。しかし、そうだとしても、反対派と行政を前にした設置の中心人物たちは、監視カメラの十分な効果を示さねばならない。

このように、現代の監視カメラは運用する人びとに一定の条件を課す。防犯のために住民は監視カメラを導入し、コミュニティを形成あるいは再編して運用を行うが、映像の確認については外部に委託しており、監視カメラの意義を直接的には確かめられない。それでも説明責任は求められるという条件である。こうして人びとは監視カメラの効果を正当化すべくある解釈を行う。それは捜査機関から公表される証拠の有無に合わせて二つに分かれる。

4－2　二方向の解釈

まず捜査機関から映像やそれを元にした情報が公表される場合には、住民はその概要を共有し、監視カメラの効果を事実化する。事件の一場面は誰が見ても明らかであることや、それがいかに容疑者の特定に役立ったかを強調するのだ。映像が広く公開されるとしても、それは捜査機関が映像の対象を容疑者と判断した後なのだから、反駁を受ける心配はほとんどない。また厳密な手続きを経て取り出された映像は、作為の入り込む余地のない事実そのものと受け取られ、人びとはその意義を疑わないだろう。こうした情報の共有を通して監視カメラの効果は事実化されるとともに、その強烈な印象は監視カメラの効果以外の論点を覆い隠していく。捜査機関からコミュニティに直接情報が伝わる過程に関しては資料が少なく、検証が困難であることから、ここではマスメディアを通した過程を手がかりに検討を行ってみよう。

二〇〇三年に長崎で起きた児童殺傷事件は、監視カメラの効果が広範に事実化された代表的な事例の一つである。事件は一二歳の少年が四歳の児童を家電量販店の立体駐車場から突き落とし死亡させたというものだったが、その報道の過程で監視カメラの映像に関する情報が繰り返し流された。例を挙げれば、「防犯カメラに若い男　現場付近商店街で男児と2人連れ」という記事に始まり（『読売新聞』二〇〇三年七月五日）、「画像の男、白シャツ姿　少年の可能性も」（『朝日新聞』二〇〇三年七月七日）、「映像の男は13歳中学生　制服・校章で特定」と続く（『毎日新聞』二〇〇三年七月九日）。

人びとはこうした映像の情報を確認しながら徐々に容疑者像を共有し、それにより情報の源となった監視カメラの効果を確信していったと考えられる。実際に、同時期の新聞記事には、「容疑者を特定する決め手」や「威力証明」のように、事件の解決と監視カメラの効果を関連づける記述が次々と現れる（『毎日新聞』二〇〇三年七月九日：『読売新聞』二〇〇三年七月九日）。また、この事件がさまざまな場所で監視カメラ設置の根拠になったことからも事実化の広まりは確認できる。この事件を契機に秋田では業者の営業が活発になり（『朝日新聞』二〇〇三年一〇月一六日）、滋賀では商店会が「うちは大丈夫か」と考えるようになり（『読売新聞』二〇〇三年一一月一二日）、兵庫では行政が補助金を拠出し始める（『毎日新聞』二〇〇四年二月六日）。監視カメラの効果という論理がマスメディア上の記述というだけではなく、広範な人びとに扱われるようになった様子を、ここからは読み取ることができる。

同時に、こうした現実の広まりは、事件と監視カメラに関する他の論点を隠蔽することにもなった。現場には監視カメラがあったにもかかわらず、当該の事件が起きたという事実は、そうした論点の一つだろう。少年は犯行に及ぶ際に監視カメラの存在に気付き、大きく動揺する。そして、逃げ出したいと考えたために、邪魔になる児童を突き落としてしまう（『朝日新聞』二〇〇三年九月三〇日）。また、「制服・校章」に触れるマスメディアの報道とは異なり、長崎県警は「服装とか、個人が特定できる明瞭な映像はなかった」と述べていたという指摘もこれに関係するものだろう（小笠原 2003: 52）。事件の解決は足跡の分析など「もろもろの情報を総合した」結果であり、県警は監視カメラを決定的な要因だと断定していない。事件の詳細を鑑みれば、こうした監視カメラの問題や限界が事件解決の効果以上に取り上げられる可能性もあったはずだが、映像の情報を事実化した人びとは監視カメラの効果を強調し、他の論点をコミュニケーションの外部へと追いやってしまう。それはマスメディアを通さず、捜査機関がコミュニティに事件の情報を伝える場合でも十分に成立する過程だろう。映像の検証と公開を委託しながらも、効果を強調しなければならない設置者は、やはり公表された映像の意義に着目し、強調せざるをえないからだ。

それでは監視カメラの映像や情報が公表されないときはどうだろうか。やはり、こうした場合にも設置者である住民は解釈を行い、監視カメラの効果を確認しようとする。最も典型的な解釈は、卜占と同様に時間軸を前に移動させるものである。第3章において示したように、監視カメラの設置によって、起きるはずの問題を未然に防いだという主張がそれにあたる。「犯罪の抑止効果」という聞き慣れた表現は、その典型例だとみなすことができる。他にも理由には事欠かない。「体感治安の改善」という印象や意見、あるいは事故の処理に役立った、通行量の調査に利用できたなどのさまざまな「証拠」を使い、本来の目的から論点をずらしながら、設置者は効果や意義を主張できるような解釈をつくり出す。このように、結果が妥当なときはそのまま受け入れ、問題のあるときは論点をずらすことで、監視カメラは必ず効果のあるものになる。

これらの解釈を同時に示す事例も確認できる。第3章において類似の表現を示したが、例えば「事件解決の糸口になり、抑止力もある。撮影画像はこれまで万引きなどで警察の照会があった五回しか見ていません」という語りがある（『京都新聞』二〇〇七年二月一一日）。形式的に考えるならばこの語りは誤っている。解決の糸口になったならば抑止力が働かなかったことを示すし、抑止力になっていれば事件は起きていないはずだからだ。しかし、設置者である住民はこの誤謬を二方向の解釈で解消する。事件の解決に役立つときはそれに焦点を合わせ、何も起きなかった場合は監視カメラによってリスクを回避できたと論点をずらす。それにより、続く「五回」という言い回しについても、「五回」も事件が起こりその解決に役立ったとも、「五回」しか事件が起きないほど犯罪を減らしたとも解釈できる。

この機制により、結果がどうあろうと、住民は監視カメラの信憑性を高め、「急増する犯罪」をはじめとする地域社会の不確実性を解決する決定的な手段だと結論づけることができる。既存の資料を眺めると、監視カメラには効果があるという表象ばかりが並ぶが、卜占の機制を踏まえることで、その表象とは異なる、人びとによる意味づけの過程が存在すると考えることができる。監視カメラは民族社会における卜占と同様に、共同体の「防衛」の最も優秀な仲介物になる。そのために監視カメラには大きな関心が集まるのだろう。こうした機制の共通性から、監視カメラを現代の卜占と捉えることができる。

4－3　閉じた卜占

ただし、第3節で少しだけ触れたように、実は卜占には別の機制も備わっている。卜占の過程をさらに詳細に検討すると、「社会学的アプローチ」では解決できない問題が残り、その点を考慮に入れると、卜占に関する他の説明が必要になるからだ。浜本満は前述の分析の後でこの点にも言及しているので、ふたたび彼の議論を参照してみよう（浜本 1983: 32）。

浜本によれば、卜占を最もよく説明するはずの社会学的アプローチには大きな問題がある。このアプローチでは、なぜザンデの人びとが卜占という不安定な仕掛けをわざわざ使うのかを理解できないという問題である。社会学的アプローチにしたがえば、人びとは卜占をとおして自らの意図を正当化するのだが、本当に自らの意図を正当化したいのならば、ランダムな結果を指示しうる卜占などに頼る必要はない。むしろ集まって議論を行うか、相談者や占い師の力を借りて、自らの意図を説得的に展開してもらう方がよほど安定した結果を望むことができるだろう。そのために、社会学的アプローチでは卜占が「余分なもの」になってしまうと浜本は批判する。

そこで浜本は発想を転換してこう考える。ザンデの人びとは本当に卜占の指示する不安定な結果を真摯に受け入れていると考えてはどうだろうか。もちろん、卜占の結果が当初の意図に反するものであった場合には、質問者たちは困惑するだろう。そこまでの過程は社会学的アプローチと変わりない。しかし、その結果を彼らがそのまま受け入れると考えると、これまでとは正反対の帰結が生まれる。社会学的アプローチでは人びとが自らの意図を卜占に語らせるのに対して、結果を受け入れる場合には、卜占が人びとに意図や理解の変更を迫ることになるからだ。浜本はそれをまとめて次のように言う。「卜占の結果が示す矛盾は、人々の理解の不完全さを示すものと受け取られ、人々は卜占の答えが意味をなすように、理解そのものを作り変えようとする」(Ibid: 38)。このように、毒卜占は人びとの状況の定義に抜本的な変化をもたらすという機制を備えている。卜占をとおして人びとは元の意図を疑い、自明視してきた理解の枠組みを反省する。そして、そこからあらためて問題を理解できるよう因果連関の再構成を行う。すなわち、社会学的アプローチが既存の現実を再生産する閉じた装置として卜占を捉えるのに対し、浜本は認識の枠組みを相対化し、新たな理解の地平を切り開くものとして卜占を理解するということである(Ibid: 39)。

それでは、監視カメラの場合はどうだろうか。監視カメラが卜占に似ているというのならば、意図や理解の変更を促す機制も備わると考えるのが自然だろう。しかし、卜占との共通性の基盤となった現代の監視カメラの特徴には、同時に決定的な相違点も含まれており、それが原因となることで監視カメラには開放的な機制が成立しにくいと考えられる。

卜占との決定的な相違点の一つは役割分担という特徴に関わる。現代の監視カメラでは、映像の分析を捜査機関という外部に委託するために、住民にはその評価や再検証をする機会が与えられない。ザンデの人びとが叢林や開墾地に集まり、鶏の生死の評価や問いかけの妥当性を確認しながら結論を導き出すのに対して、機密に守られた映像は、それがいかなる意味で役立ったのか、どのような問題点があったのかという基本的な問いから人びとを遠ざけ、見えないものにしてしまう。

また撮影と録画が自動化することで、人びとと装置の主客の関係は真逆になってしまう。毒卜占ではザンデの人びとが必要だと思うときに諮問を行うのに対して、現代の監視カメラでは、捜査機関や問題の当事者からの要請を受けて、住民が日常生活を中断し、防犯のために働くように呼びかけられる。

さらに、視覚的な証拠となる映像が反復的に逸脱者の姿を映し出すという点も卜占とは大きく異なる。卜占は病気や収穫なども含めて多様な問いに応答するが、監視カメラは逸脱者の姿やその情報のみを反映する。こうした同じ内容の反復する呼びかけは、凶悪な犯罪あるいは遍在する逸脱に必要な対策を講じるべきという理由を人びとに与え、そのための活動に資する組織や身体を要求するだろう。いわば、監視カメラは一望監視装置のように「見張ること」ではなく、「見せること」を通して、不確実性の滞留する地域社会という現実と防犯のために活動する主体を構成する。[*5]

当然のことだが、映像に現れる逸脱者はその当人の現実においては一人の生活者である。こうした生活者が犯罪に手を染めるとすれば、ほとんどの場合は、さまざまな社会的な影響のもとでいくつもの困難が折り重なり、またそれに耐えきれなくなったときの感情的なやりとりや一時のすれ違いという、不幸の連鎖を経た後である。この生活者をめぐる現実に目を向ければ、犯罪という行為は構造的な課題とつながるものとして理解されうる。しかし、監視カメラ映像が構成する現実においては、そうしたつながりは見えづらくなってしまう。映像を「見ること」で、人びとは当事者を生活領域から引きはがし、逸脱や犯罪を行うまさにその場面の文脈にもとづいて評価する。それにより、逸脱者は一方的な嫌悪と見下しの対象である「異物」として象徴化されてしまう。そして、監視カメラによるそうした映像の反復は、明白な敵と対峙し続けることで防犯の重要性を徐々に理解し、自らの活動やコミュニティの意義を確信する主体をいくらか構成することがある。いわば、監視カメラとは「敵対性」を蓄積し続ける装置であり、それは地域の人びとに動機の語彙を提供するだけではなく、わずかであれ一部の人びとを強固な確信をもつ主体に転化させることがある。

最後に、既述したことだが、住民間の対立と説明責任も卜占と監視カメラの相違点の一つである。それに条件づけられた人びとは、公表される映像に効果があると解釈する立場から逃れられない。人びとは常に監視カメラを効果があるものと意味づけ続ける必要があるのだ。こうして個人的にはもちうる疑問や問いは抑えられ、外部委託と呼びかけが支える監視カメラの効果という現実は事実化する。このように、卜占との比較を通すことで、監視カメラの魅力とは、あたかも「自動的」に、人びとに開放的な機制を与えず、同一の文脈のなかに閉じ込めることだとはじめて理解できる。

J・ボードリヤールは、現代社会の特徴を現実以上に現実的な記号の消費という観点から捉え、その例の一つとしてテレビを挙げた（Baudrillard 1970=1995: 27）。テレビは三面記事的な事件を映して現実を覆い隠すとともに、その発生と解決を瞬時に物語化することで、危機に脅かされつつもかろうじて保護された日常の幸福を人びとに伝え、擬似的な安心感で包む。そうしたテレビの機制は現代社会の姿を凝縮したものだとボードリヤールは指摘した。しかし、このボードリヤールの指摘は監視カメラにこそ当てはまる。監視カメラの英語名は「閉回路テレビ」（Closed Circuit Television）であり、多義的な情報や街路の現実を遮蔽し、成型した事件の映像のみを人びとに反復して送り届ける閉じたテレビを表すからだ。監視カメラとは、こうした文脈を固定する側面だけを卜占から抜き取り発露させたという意味で、卜占以上に卜占らしい装置だと言える。

5　おわりに

このように、現代の監視カメラはその効果のあいまいさを逸脱の強調と焦点の移行という二方向の解釈で解消し、自らの正当性を確保するとともに、見る者と見られる者の間に境界線を自動的に定める役割を果たしていた。他の監視技術を見渡しても、こうした意味づけを十分に成立させるものは他にないだろう。生体認証や防犯ブザーが典型的であるように、他の監視技術は自らの身を守ることを主な目的とし、監視カメラのように「異物」を継続的に展示するまなざしの機制を備えていないからだ。

そのことは、なぜ人びとが監視カメラに関心をもち語りたがるのかという問いに、一つの解答を与えている。もちろん、映像でしか確認しない安全な異物は一種のスペクタクルであり、人びとの関心を呼び起こさずにはいられないからだ。それが監視カメラに関する語りの拡大を促す大きな要因だろう。ただし、それだけではなく、異物を利用するがゆえに生じるリスクも語りの拡大に関係するように思われる。なぜなら、いくら現実から切り取った安全な異物だとしても、その映像を利用して公開すれば、取り扱いの妥当性やプライバシー、情報の自己コントロールなどの論争的な問題が発生し、異議申し立てを受ける可能性が出てきてしまうからだ。その意味で、安全なはずの異物は、自らの眼前に厄介な問題をもたらす危険な他者に転じる可能性を秘めている。それを避けるために、人びとは他でもなく監視カメラにのみ運用規定や条例をもうける。一面的に切り取った他者を扱うという他の監視技術にはないリスクを抑え込むためには、効果や意義に加えて、その手続きの妥当性について詳しく説明しなければならないからだ。こうして、監視カメラをめぐるさまざまな語りは、他の監視技術とは比べものにならないほどに広がった。それらはお互いを参照し合いながら、現在では一定の現実として人びとに参照される監視カメラ言説を構成していると言ってもいいだろう。人びとは異物に興味を抱くとともに、それが現実に回帰する恐れを封じ込めるために、言葉の網目を張り巡らさざるをえなかったということだ。

コミュニティ型の監視カメラの増加は、こうした意味づけの広がりが地域社会を巻き込みながら進んだことを示唆する。第3章において示したように、住民は監視カメラの導入に際して非常に多様な語りを作り出し、監視カメラを正当化する現実を地域社会において構成していた。そうした現実は、戦略的な思惑によって大いに支えられていたが、そうだとしても、それが人びとに参照され、語りの基盤となっていたことに変わりはない。監視カメラが設置されれば、人びとは個人的な思いとは関わりなく、運用のために集結し、監視カメラから得た異物の映像を解釈して、それがもたらしうるリスクを減少させようと努力する。それは公的には、個別に組織されたボランタリーな団体が、犯罪不安を減少させるために立ち上がったと表象されるだろう。

以上のような監視カメラの機制が、従来の監視社会研究の指摘とやや異なる意義をもつとすれば、それは他者の利用と共同体の正当化という論点をもう少し詳細に明らかにしたことにある。監視社会研究は、現代における流動性の拡大や自己の不確実性に着目するが、他者との関係性を中心的な論題とはしてこなかったように思われる。もちろん、第2節で触れたように、流動化した個人を瞬間的に結集する機制に踏み込む研究もあるが、それが想定するのはすぐに消えさる一瞬の共同体でしかない。むしろ、監視カメラは、継続的な異物の展示によって、必要になればその都度、現実を再構成できる機制を地域にもたらしている。

また、監視社会研究には他にも「アンダークラス」のような具体的な階級の成立を指摘する研究もあるが（Davis 1992=2001; 酒井 2001）、本章が論じた機制は必ずしもその存在を必要としない。もちろん、そうした階級の存在が間接的に監視カメラの設置を後押しする可能性は大いにあるが、本章が扱う他者の利用とは、形式的な機制の動作であり、映像に現れる逸脱は根拠のない「想像的なもの」でもかまわないからだ。こうした想像的な他者の利用を組み込みながら共同体を生成・持続させる機制は、監視社会研究においてこれまで十分に検討されてこなかったと考えられる。

しかし、監視カメラという装置の広がりとそれが備える機制を踏まえれば、現代社会とは地域社会をはじめとするさまざまな共同体が、自動化された他者の利用にもとづいて、自らの現実を構成し続ける社会と捉えることができる。その意味で、監視カメラが明らかにする機制は、一瞬で燃え広がりすぐに鎮火する「カーニバル」や一時的に立ち寄るだけの「クローク」とはやや異なる。むしろ、興味深いことに、監視カメラをめぐる現実において、「カーニバル」や「クローク」という概念が示唆するような、同質的で極端に行動する群衆は認められない。確かに、地域に滞留する不確実性を憂慮する住民もわずかにいるのだが、むしろ、監視カメラを正当化する共同体において、大半の住民はそれを信じていない。しかし、それでもそのわずかな者と戦略的な支持者、さらに特殊な技術がもたらす他者表象が組み合わさると、少数者である人びとのもつ状況の定義が現実化してしまう。監視技術のなかでも、とくに監視カメラに魅力があるとすれば、共同体が構成した閉じた現実を自動的に維持することに、最も効果的な役割を果たしうるからだろう。

注

＊1　誤記であるという指摘を避けるために、「ザンデ」と表記している意図を明らかにしておこう。確かに、エヴァンス＝プリチャードの書籍の題名には the Azande と表記されているが、「アザンデ」の「ア」は当事者の言語において「民族」を表すことが現在では知られている。そのために、本書は「ザンデ」と記述することにした。

＊2　「質問者」が問題を抱える当事者、「相談者」は卜占の代行を行う年配者である。卜占を実施するためには、食事や性の禁忌を一定期間守る必要があるが、「質問者」が生活の都合上それを守れない場合は、禁忌を守る「相談者」を探し、卜占の代行を頼むことがある。

＊3　もちろん、後から鶏が生き返ってしまうなど、結果の判断が難しい事例も存在し、そのときには二つの解釈が複雑に組み合わさる。以下で指摘する「二方向」とはあくまで理念型的なものである。

＊4　第3章において言及したが、住民は自ら映像を利用することもある。ただし、プライバシーの問題を考慮してそれを控えることも多い。同じ第3章の注で示したとおり、条例や内部規定により映像の検証には複数人の許可が必要となるという事例も確認できる。

＊5　T・マシーセンは、近代社会が一望監視装置による自己監視だけではなく、マスメディアによる有名な他者に対する衆人環視によっても、人びとを主体化してきたと指摘し、それを「シノプティコン」と名付けた（Mathiesen 1997: 219, 230）。確かに、本章の卜占の機制も「見ること」に関わるが、それは「シノプティコン」のように羨望のまなざしを向けることではない。むしろ、監視カメラにおける他者は繰り返し現れる逸脱的な他者であり、それはときに憎悪の対象として位置づけられる。

第5章　地域住民が監視カメラによせる別様の意味

1　はじめに

前章において整理した監視カメラの呪術的な機制は、二つの作用を生み出していた。それは、設置者の意図に沿って監視カメラの設置理由を創出する作用と、監視カメラそれ自体の信憑性を高めるという作用からなっていた。そして、これらが互いを支え合うことで、犯罪不安と有効な対策という「現実」が事実化されていた。そうして構成された現実は、二つの作用の相互補助の関係が続くかぎりは、非常に壊れにくい。そのことは、容疑者を取り逃がした数々の事件が暗黙裡に示すように、監視カメラには見落としや限界があるにもかかわらず、表象としてはその有効性が指摘されてきたことからも、ある程度理解ができる。今後も、社会が「凶悪な犯人」を見つけるたびに、監視カメラに対する期待が語られることになるだろう。

しかし、こうした現実が変容する可能性はまったくないのだろうか。やはり前章で示したことだが、監視カメラの効果は一般的に期待されるほど十分なものではなかった。そのために、設置と運用を担う人びとに対して、監視カメラは無条件に信憑性を与え続けられるわけではない。そこにはむしろ、人びとによる解釈がつねに供給される必要があった。いわば、監視カメラをめぐる現実は、いくつかの断片的事実とそれを補う解釈の演劇論的とも言えるつながりによって、危うく達成されているということだ。そうであるならば、それらの事実や解釈の限界点において、構成された現実が揺らぐことはないのだろうか。

この問いを検討するために、本章はある地域社会における調査事例から、監視カメラが話題となり、実際に設置に至るまでの過程を検討してみたい。なぜならば、長期にわたる過程を確認することで、たとえ最終的に監視カメラが設置され、公的にはその意義や効果のみが伝えられる事例のなかにも、さまざまな違和感や反対論があったことに目を配ることができるからだ。そして、もしそうした違和感や反対論が、ときに監視カメラの意義を強調する状況の定義を覆すのならば、それはいかにしてなのかを問うこともできる。このように、本章が提示する事例は、ある意味でたった一つでしかないが、その内容から現実の社会的構成とそれに対する反省的な捉え直しという普遍的な論点に関する示唆を得てみたい。

それでは、違和感や反対論が表明されるような監視カメラの設置過程とは一体どのようなものなのだろうか。また、そもそも監視カメラの設置が地域において話題となり、計画が進むなかで住民はそれぞれどのような思いを抱くことになるのか。さらに、そこにどのような関係者が現れ、住民との間で折衝したり、妥協したりするのだろうか。これらを明らかにしながら、本章は監視カメラがもたらす状況の定義を覆す実践について確認する。それは地域に自生する小さな「抵抗」と捉えられるかもしれない。

2　地域の概要

ここで取り上げる地域は、とある中都市の繁華街にあるX地区である。第3章でも触れたが、筆者はこれまでに監視カメラを設置した地域をいくつか訪れた。「なぜ監視カメラを設置したのか」という問いをもち、複数の地域をまわって気づいたのは、意外なほどに地域社会における監視カメラ設置の過程は似ているということだ。もちろん、大都市や小都市、郊外、農山漁村といった地域の特性、あるいは関連する団体の性格や設置台数さらには性能など、事例の相違点を挙げればきりはない。それでも地域において監視カメラが話題となり、設置に至るまでの過程において、いかなる意味づけが成立し、また変化するのかという論点については、調査のかぎりではあるがある程度の類似性が認められた。X地区は、このような監視カメラを設置した事例に共通する過程を実によく表している。以下では、このX地区を基盤に、他の地域の事例も意図的に加えながら、地域社会における監視カメラの設置過程に関する、一つの類型を例示してみたい。

X地区の概要に触れておこう。まず、X地区が所在する中都市は、大きな国道の交差地に隣接する旧城下町であり、海にも面していることから、商業でにぎわってきたまちとして知られている。人口は三〇万人に満たないが、大都市からそれほど離れておらず、新しい戸建て住宅も増えており、地域全体としては人口の減少は顕著ではない。

X地区はこの都市の繁華街として発展してきた。戦後は都市の人口が急増したことに加え、周辺の地域からも来街者を集め、X地区の表通りは飲食街として有名になっていった。ただし、一九六〇年代に入ると大都市に人口が流出するようになり、地区のにぎわいには陰りが見え始める。一九七〇年代には一時的に人口が増加する時期もあったが、一九八〇年代に入ると地区内に出店していた大規模商業施設が閉店した影響もあり、来街者のさらなる減少をまねいた。さらに、一九九〇年代には来街者の減少と後継者不足に耐えかねて、居住しながら店舗を営んできた住民が次々と郊外に移転するようになった。二〇〇〇年代の地区の居住人口は、一九八〇年と比べると約三分の一に、子どもの数は約五分の一に減少していた。それにより、X地区の裏通りにあたり、監視カメラが設置されることになる街路Yには、住民が退去した跡地に、全国チェーンの娯楽施設や風俗関連の店舗が出店することになった。地区のほとんどの住民は、こうした変化を地域の衰退の象徴とみなし、まちの将来に危機感を覚えていた。

一方で、X地区には自治会があり、こちらには住民の関係性が根強く残っている。X地区の自治会は、おもに地区の在住者と個人店舗の経営者からなり、清掃、防災、青少年育成、福祉、祭りの開催を主導するなど、現在でも地区の主要な組織である。[*1] 自治会には会長や会計などの役員職がある。任期は一年だが、地区に古くから関わる住民や経営者の影響力は大きい。地区に何か問題が起きれば、地区の事情をよく知る住民や経営者が顔を合わせたときに相談を行い、そこでおおよその対応方針が決められることも少なくない。まれに新住民ばかりが理事になることもあるが、地区の行事を円滑に進めようと思えば、やはり古くから地区に関わる住民や経営者の意見を聞くことになる。自治会の意思決定機関である役員会議が最終的な決定を行うとしても、それだけで物事を決めることはまれであり、一般的には地域内における多様な意見をふまえて、さまざまな課題の方針が決まることになる。

また地区には、こうした自治組織とは別に、まちの活性化のために住民といくつかの組織が集まって議論する場として、まちづくり協議会（以下、協議会と略記）がもうけられている。協議会は、基礎自治体の担当者と特別採用の臨時職員からなるまちづくり支援室（以下、支援室と略記）が事務局となり、また自治会の主要な住民・経営者が役員となって運営されているが、地区の関係者ならば誰でも参加できるように開かれている。また、その都度の課題に関わる地区外の多様な関係者も参加している。例えば、警察や消防、地域の学校関係者から、地区とつながりのない経営者たち、あるいは隣接した都市の大学教員や学生などである。協議会はおおよそ月に一度開催されている。

支援室は、都市中心部の再活性化を目指す基礎自治体によって二〇〇五年に立ち上げられた。当初は、大都市の事例を参考に、土地区画事業や道路整備事業を行ってきたいくつかの外郭団体を整理し、まちづくりのための新たな法人を設立する計画もあったが、予算と人員の都合上、役所内に特別部署をつくることで落ち着いた。支援室は、日頃から地域の各所をまわり、街路や交通の整備、ゴミ処理、祭事の維持などに、地域と連携して取り組んでいる。

X地区への関与は支援室の開設とともに始まった。支援室の職員が、役所の行事に参加した際にX地区の役員と出会い、支援室の概要を説明したところ、後日、自治会から協力の要請が届いた。面談の機会をもった数名の住民代表と支援室は、まちづくりのために地区内外の関係者に参加の呼びかけを行うという方針で一致し、翌年の二〇〇六年に協議会がもうけられた。

監視カメラの設置は、こうしたX地区における協議会の設立期と重なっている。地域の課題を議論するアリーナが、日常生活の場である自治会から、まちづくりを議論する場である協議会に移行することで、X地区における監視カメラに対する意味づけは大きく変化することになる。他の事例においては、協議会が開かれるほどの抜本的な変化が起きないこともあるが、監視カメラの設置にあたって、それまでに地域になかった組織の設立や、既存の住民組織の再編が行われることはめずらしくない。

次節から、この設置過程を記述するが、その展開をわかりやすくするために、ここではA氏とB氏という二名の代表的な意見に着目する。A氏は設置に積極的、B氏は消極的であり、それぞれ別の意味づけを監視カメラに付与している。この二名は、どちらも長く地域に住む住民であり、協議会の設立後は副会長と会長をつとめることになる。そのために、自治会と協議会における議論の大半に関わっており、地区における監視カメラ設置の過程を最もよく知る人物である。また、興味深いことに、設置に曖昧な態度をとる住民の多くが、具体的な決定を行う際には、二名のどちらかと同型の枠組みから発言する傾向を確認できた。いわば、二名の意味づけは、住民の意思の主な類型になっていると考えられる。そこで、この二名の意見の対立を軸に、彼らを支持するさまざまな関係者の姿を重ねて、監視カメラ設置の過程を記述していこう。事例の基盤となっているデータは、おもに関係者に対する聞き取りからなる。[*2]

また、この賛否のせめぎ合いの経過を検討すると、X地区の設置過程は三つの時期に分けることができる。それぞれを簡単に示せば、以下のようになる。【第Ⅰ期：意味の競合】警察からの問い合わせにより監視カメラが地区で話題となり、その設置をめぐって自治会で意味づけの競合が発生する。【第Ⅱ期：意味の統合】一度は頓挫した設置計画が、まちづくりのためと意味づけられ再生する。そして、この意味づけが協議会に参加する関係者の絡まり合いのなかで正当化される。【第Ⅲ期：意味の弱体化】協議会で成立した意味の枠組みがあらためて問い直され、新たな意味づけが見出される。

やや冗長ではあるが、各時期を順に確認しよう。

3　第Ⅰ期　意味の競合

3－1　監視カメラの課題化（～二〇〇四年秋）

X地区の住民の一部は、二〇〇四年に開かれた地域の青少年育成の会合において、はじめて監視カメラの設置を現実的な課題として捉えるようになった。会合は各自治会の役員と青少年育成の役員が中心となるが、地域担当の警察官も同席することがあり、地域の子どもの健全育成について継続的な議論や活動が行われている。A氏は長年にわたり青少年育成の役員をつとめてきたことに加え、当該年度は自治会の役員としてもこの会合に参加していたこともあり、会合のまとめ役を担っていた。A氏は、監視カメラの設置過程を振り返るなかで、会合に同席した警察官が、「犯罪の凶悪化」に対応するためには地域で防犯に取り組む必要があると述べ、またその一例として監視カメラに言及したという経緯に触れ、それが地区における設置の端緒になったと語った。

そのときに警察の方から最近は若者の犯罪が多いということで、そのためにアメリカでは割れ窓理論というんですか、そういうのがあって、地域が一体となって普段から人の目を確保することが非常に重要だし、そういうものが必要な時代になっているということを聞きまして。それで、カメラというものも最近では付けているところがあるというのもありましたから、それも一つの方法だなとなったんです。[*3]

A氏によれば、この会合以前にも、住民は監視カメラによる「犯罪摘発」という報道を見聞きしており、「防犯カメラがあったらいいかも」と話すことがあった。しかし、だからといってその時点では、他の話題に比べてとくに監視カメラに注目が集まることもなかったし、もちろん具体的な行動に移ることもなかったと言う。監視カメラは数ある日常の話題の一つでしかなかったのである。それに対して、「犯罪の実情」を考慮すると、地域における「目の確保」という防犯の方法が、X地区においても必要だという警察官の説明は、具体的に地域の課題として監視カメラの設置を考える出発点になったとA氏は語る。実際に、会合の内容をA氏から伝え聞いた住民の間では、X地区ならばどこに設置するのかという会話がなされるようになった。このように、一部の住民は会合と前後して、監視カメラを報道や伝聞としてではなく、地域にとっての現実的な課題として意識し始めた。

3―2　警察の設置提案と自治会の拒否（二〇〇四年秋〜二〇〇五年三月）

地区の住民が監視カメラに意識を向けはじめた頃に、自治会は警察からさらに具体的な監視カメラ設置計画を打診されることになった。二〇〇四年の秋に警察の担当者から示された提案は次のようなものだった。基礎自治体の来年度予算において、監視カメラ設置に向けた調査費が計上される予定であり、その調査をX地区でぜひ実施したい。そのために、自治会の意見を取りまとめ、監視カメラの設置を要望してもらえないかというものである。台数は二〇台程度で、管理と運営は隣の地区にある警察署で行なうこと、設置を予定する場所は地区のなかでも「荒れ」が認められる裏通りの街路Yであることが伝えられた。

この打診に対して、住民からは主に二つの反応が示された。A氏や防犯活動に積極的に取り組む住民たちが、安全のためには設置が必要だと主張するのに対して、B氏をはじめとする住民たちは消極的な反応を示したのである。B氏らは、地域の防犯の推進を考慮すれば反対ではないが、提案があまりに唐突であり、また設置計画が地域の印象をいかに変えるのか判断がつかないという意見をそれぞれに口にした。また、B氏らは、管理と運営が警察署で行われるという点に対して「いくらなんでもそれは」と否定的な反応を示した。こうした反応について、B氏は次のように述べる。

警察が管理・運営するということは、いわゆる国家による監視というところがやっぱりあるし、プライバシーとか、それが付いた後で将来にわたってどう使われていくかわからないということもあるでしょう。

こうした監視カメラに対する意味づけの対立は、地区内の意見集約を困難なものにした。ただし、警察からの問い合わせに対して返答が必要であること、またその内容からすれば、一度は広く住民全体から意見を聴取する必要があることについては、対立を越えて支持が得られた。そこで、役員会議において方針を決定する前に、地区住民に対するアンケートを先行させることで議論は収束し、設置の賛否を問う調査票が全住民に配布された。

しかし、興味深いことに、このアンケートの回答率は一割程度にとどまった。それにより、役員はその解釈に頭を悩めることになった。解釈としては、白紙委任、無関心といった層もいれば、事情がよくわからないと困惑する住民、あるいは積極的に反応しなかった住民がいるとも考えられるが、いずれも推測の域を出ない。また、アンケートをした以上、匿名性を損うような個別の意見聴取も難しかった。そのために、役員はあくまでアンケートの結果に依拠して、住民の意思という点では、何もまとまりを見出せないと判断せざるをえなかった。

また、このアンケートの実施期間に、監視カメラ設置に批判的な新聞記事が掲載され、それが役員会議の議論に大きな影響を及ぼすことになった。[*4] B氏によれば、記事の内容は、ある地域が警察の提案から監視カメラを設置したところ、プライバシーの問題に巻き込まれることになってしまったというものだった。この記事が住民間で話題になると、役員会議においても、もし苦情などがあれば誰がどのように対応するのかといった声が上がるようになった。また、警察の施策が地域の意向よりも先行しているという経緯を疑問視する意見も表明されるようになった。

このように、アンケートにおける住民の沈黙と監視カメラの設置に付随する問題が明らかになったことで、唐突な提案については慎重に考えるべきだというB氏らの意見は、地区の議論において優位な立場を占めるようになった。最終的には「年度末までに住民の意思の集約は困難」という結論が役員会議で承認され、X地区における最初の監視カメラ設置計画は頓挫することになる。

調査事例の限りではあるが、二〇〇〇年代の都市中心部に位置する地域の事例においては、住民ではなく外部から監視カメラ設置の提案が持ち込まれることは少なくなかった。防犯以外にもさまざまな課題と向き合う日常の生活領域において、制度的な裏付けも設置に向けたノウハウもなく、議論に時間がかかると見込まれる技術を、まったく自発的に提案する住民という像は、あらためて考えれば、容易には想像ができない。その意味で、監視社会研究において自明視されてきた、住民の自発性にもとづく監視カメラの設置という二〇〇〇年代の表象には、やはり地域社会における意見の多様性を捨象していた部分があったと考えられる。

4－1　協議会における再提案（二〇〇六年七月～一二月）

ところが、X地区における設置計画は、自治会とは別の場所で再生することになった。それが二〇〇六年七月に設立された協議会である。上記したとおり、協議会はまちの活性化策を広く募る場として設立された。そのために第一回の協議会では、自治会外から集まった参加者から、自由に意見を述べてもらうことになった。協議会においては街路整備や風俗店対策を求める意見が示されたが、同時に地区の住民ではない人物から、監視カメラの設置を提案する声があがった。

最初に監視カメラについて発言した人物は、飲食店組合の代表であるC氏だった。C氏はX地区で居住も経営もしていないが、繁華街全体を範囲とする飲食店組合の理事として協議会に参加していた。C氏は、X地区において監視カメラ設置計画が頓挫したことを伝え聞いたが、なぜだったのかと尋ねるとともに、自身は計画を肯定的に捉えており、協議会で意見を取りまとめて、警察と再交渉できないかと提案したのである。C氏にとって、まちの活性化とは来街者の増加と商業的な振興であり、それを促しうる施策の一つとして、監視カメラの設置には意義があると考えていた。

C氏の発言によって、監視カメラ設置計画のことを知った他の参加者やまちづくり支援室は、すでに打診のあった設置計画を、成果につながりやすい課題と捉え、C氏に同調した発言を行った。もちろん、自治会内で賛意を示していたA氏と住民の一部も、C氏に同調した。また、自治会内の議論では消極的な態度を示していたB氏らも、協議会が自治会外の議論の場であり、多様な意見を取り入れる必要があるということ、また協議会の参加者が合意するのならば、検討すること自体に異議はないと考え、とくに反対意見を述べることはしなかった。

こうして監視カメラ設置計画は、舞台をまちづくりの場に移すことで再生することになった。そして、協議会には警察も参加していたことから、この時点においては、誰もが提案をすれば計画は比較的簡単に実行されると考えていた。だが、再検討には最初から問題が生じる。というのも、このときすでに警察は設置計画に消極的になっていたのである。

何度かの協議会を経て、計画の再検討について意見を求められた警察の代表者は、次のように述べた。監視カメラ設置の可否は、犯罪の発生可能性に関する「厳格な基準」から判断されるために、以前ならばともかく、犯罪認知件数が減少傾向にある街路Yでは予算の見通しが立たないというのである。そうした「一般論」にふれたうえで、警察の担当者は、たとえ協議会から正式な提案があったとしても、警察が設置主体になることも、予算を拠出することも難しいという結論を伝えた。こうした警察の態度は一貫していた。この後も、協議会の参加者は折に触れて監視カメラ設置の可能性を警察の担当者に尋ね、意見を求めることがあったが、担当者は協議会の事業として監視カメラ設置を計画するならば、商業振興や街路整備に関連する行政の補助金を活用するといった「工夫が必要」という発言を繰り返し、この件については徐々に協議会から距離をとるようになった。こうした警察の意向を受けて、協議会においても、実現する可能性が低い監視カメラ設置計画には関心が寄せられなくなっていった。

4－2　まちづくりのための監視カメラという意味の形成（二〇〇六年一二月～二〇〇七年一二月）

しかし、A氏をはじめとする住民の一部は、協議会のなかで設置に前向きな発言が少なからずあったことから、やはり監視カメラの設置は地域として取り組むべき課題だという思いを強くした。そのために、A氏らは協議会の議論において、監視カメラについて発言し続けた。A氏たちは、協議会において、これほど賛意がよせられているのだから、警察に頼らずとも設置ができないか模索したらよい、そのためにも次に取り組む課題として正式に議題にのせるべきだという意見を述べることがあった。あるいは、協議会の議論が煮詰まったときには、会長となったB氏のリーダーシップを揶揄しながら、過去の頓挫した経緯に触れることもあった。

こうしたこだわりは、A氏が長年にわたり青少年の健全育成の役員をつとめ、子どもや地域の安全という価値を重視してきたといった個人的な経緯が関係しているとは考えられる。ただし、公的な議論の場で同じ意見を述べ続けられたことの背景には、そうした個人的な水準に還元されないものがあったことも確かだろう。なぜならば、監視カメラの有効性を前提に、安全という価値を重視するA氏の語りは、地区の住民にとっても理解しやすいものだったからだ。上述のとおり、X地区では住民が減少し、地域の多様性が増したことで、まちの人間関係が従来よりも希薄になったと実感されていた。X地区の住民が「北の端で暴力事件があって、そのときに誰も助けに来ず、通行人も見て見ぬふりだったんです。それは昔の雰囲気からすると、考えられなかった」と述べ、その内容に多くの住民が同意するように、生活領域における不透明性が増したという感覚は、住民や関係者にもある程度共有されていたのである。A氏らにすれば、そうした感覚があり、地域に明白な反対意見がないにもかかわらず、せっかく浮上した監視カメラ計画が何度も頓挫したという現状は理解に苦しむものだった。そこで、A氏らは、「みんなで決めるまちづくりというのならば、みんなで何をするのかを決めたらいい」と述べ、まちづくりの文脈において監視カメラを扱うというように、意見を再構成しながら、ふたたびその議題化を求めたのである。

A氏によれば、まちづくりとは「まちの問題を逐次解決するなかで、地域の人が関係性を結びながら成長していくこと」であり、地域では「安全の問題に関心が集まっている」のだから、そのための対策を優先すべきだというのである。つまり、A氏らは、問題解決を通じた地域の団結と成長が協議会の意義だとみなし、監視カメラがそれに貢献する手段になりうると位置づけることで、この取り組みの意義を明確にしたのである。

このA氏らの意味の枠組みは、監視カメラの設置に期待をよせる関係者には支持され、協議会の論題として断続的に取り上げられるようになる。また、その主張の妥当性を証明するために、いくつかの取り組みが行われた。例えば、地区の行事にあわせて配布するアンケートに、地区の安全性に対する意識や、監視カメラ設置の是非に関する質問を含めたのである。そして、その結果を協議会の場で公表することで、監視カメラの設置が求められているとA氏らは主張した。

このように、協議会の発足以降、監視カメラは、あくまで地域のまちづくりという文脈のなかに位置づけられていく。もちろん、こうしたA氏らの主張は、B氏のような消極派には過去の問題の蒸し返しと映った。協議会の議論においても、A氏などの発言があると、すぐに設置に至らなかった経緯の詳細がB氏たちから何度も説明された。こうしたA氏たちによる再検討の要望と、B氏たちの経緯の説明は、協議会や行事の場で繰り返し行われ、ときにその応酬は感情的なものになった。

B氏たちが消極的な理由は明らかだった。A氏らがどれほど地域に広がる不安感や監視カメラの効果、あるいは「みんな」について述べたとしても、それらはいずれもA氏たちの意見であって、それぞれの論点に対する他の住民の捉え方には濃淡があるからだ。他のX地区の住民にとっては、不安感や監視カメラの効果は、聞かれれば「ある」と答えるが、だからといって必ずしも自らが意識を向けて、積極的な意義を見出すものとは捉えられていない。A氏たちが「これまでになかった事件」を強調したとしても、それがごくまれなものであり、以前になかったわけでもない、ということを住民はよく理解していた。また、地域に不安感が広がっているとしても、それは安全や防犯という論点に限定されるものではなく、監視カメラの設置によって解消されないということも理解されていた。つまり、一般論として不安感や監視カメラの効果に賛意を示したからといって、A氏が指摘するほどには「みんな」が安全を求めているわけではなかったのである。そのために、A氏の発言はよく理解できるが、まちづくりの論題として優先的に監視カメラを取り上げることには違和感がある、という住民は少なくなかった。住民の一部は、監視カメラの設置に費用と労力をかけて真剣に取り組むくらいならば、他に取り組むべきことはいくらでもあると考え、B氏を支持していた。

ただし、こうしたやり取りは協議会そのものを危うくする可能性があった。住民間の感情的な議論は、地区外からの参加者を遠ざけることにつながり、また断続的に提示される意見を退け続ければ、広く地区内外から多様な意見を集め、まちづくりに生かすという協議会の存在意義を否定しかねないからだ。そのために、一年間にわたる意見の応酬を経たB氏らも、「必ずあったら悪いというわけではない」と述べ、設置の是非をもう一度だけ協議会で検討することをついに了承した。こうして、二〇〇八年の新たな議題として、ふたたび監視カメラ設置の是非が話し合われることになった。

4-3 関係者の間接的な支援と設置の正当化（二〇〇八年一月～二〇〇八年一二月）

これまで見てきたように、監視カメラ設置に対する意見は住民間で分かれていた。だが、協議会の正式な議題として扱われることで、これまで以上に地区外の関係者の影響が加わるようになる。それにより、監視カメラをめぐる意見のバランスは変化することになった。

この関係者のなかでも、支援室はとくに大きな影響を議論に及ぼした。支援室は、その活動の目的からしても、地域の住民や関係者が自発的にまちづくり活動を展開していくことが理想だと考えている。しかし、同時にこうした取り組みが短期的な成果を必要とするという傾向も十分に理解していた。とくに、まちづくりの初期段階において、参加者が何かしらの意義を感じ取れない場合は、活動そのものが縮小してしまう危険性がある。そのために、支援室の職員たちは、達成できそうな住民の提案があれば、それを成功に導くことで協議会の意義を実感してもらいたいと考えていた。ただし、支援室は特定の意見に肩入れすることもできないために、これまでの協議会においては、A氏の意見を直接的に支援することはなかった。しかし、正式な議題として取り上げられることで、支援室はA氏の提案が円滑に進行するように議論を導くようになり、結果的に監視カメラの設置を成功に導くことになる。もちろん、だからといって、支援室自体が議論の方向性を誘導することはない。むしろ、こうした支援室の意向は、協議会の議論を取りまとめるために招聘された大学教員のD氏によって直接的に表現されることになる。[*5]

D氏は、従来から他のまちづくりの会合や行政の委員会によく招聘されており、自身の経験から、地域住民の自発性は尊重したいが、住民だけでは有効な活性化策を立案・実行することは難しいと考えていた。そのために、協議会で住民から興味深い提案が示されればそれに越したことはないが、そうでない場合は、ひとまず小さな課題の解決を重ねて達成感を味わってもらいたいと、支援室同様に想定していた。

D氏は有識者として協議会に参加すると、とくに議論の論点整理に大きな影響力を発揮した。それまで、意見の対立が感情的なやり取りにつながり、ときに議論が紛糾することもあった協議会は、D氏による論点の整理が始まると、一つずつ小さな議論を整理して議決をし、それを踏まえて次の展開に移るという話し合いの形式が確立した。こうして、協議会は議論の場として以前よりも機能するようになった。

またD氏は、監視カメラの設置について、住民が具体的に話し合えるように、関連する情報や資料を提供した。例えば、ロンドンのコミュニティ・ポリシングに関する自らの調査資料を提供するとともに、監視カメラを批判するテレビ番組を紹介し、[*6]監視カメラに対する意見の賛否を住民とともに検討したのである。さらに、D氏は監視カメラを設置した他の商店会の訪問を提案し、住民が具体的な設置の経緯や設置後の状況について確認する機会を提供した。このうち、調査資料と商店会の訪問については、劇的な治安回復という監視カメラの有効性が、詳細な数値とともに示された。もちろん、それは厳密な検証には耐えない数値ではあったが、それでも具体的な数値には違いなかった。それに対して、テレビ番組は「監視社会の恐怖」という論点を強調していたが、生活に直結するような実例は乏しかったために、D氏による情報提供は、結果的に監視カメラの有効性を住民や関係者に印象づけることになった。過去の自治会における議論ではつねに疑問にさらされてきた監視カメラは、協議会における多様な参加者の支援を通して、少しずつその意味を変えていった。

だが、こうした関係者による支援は、設置の十分条件にはならなかった。監視カメラの意味づけが肯定的なものに転換するためには、協議会における議論の推移とはまた別に、費用の負担と運用時の責任の所在という、実際に監視カメラを運用する際に発生する課題も住民にとってみれば無視できないからだ。これまでの協議会における議論においても、監視カメラの設置を求める意見が提示されると、必ずと言っていいほど、消極派から費用負担や運用責任の課題が言及され、この点が解消されないかぎり、いくら議論を重ねても無意味だと指摘されてきた。

それに対して、この年の協議会には、この対立を解消する関係者が現れた。X地区の裏通りに位置する街路Yの商店会が、費用と運用を引き受けると申し出たのである。これまで街路Yには独自の地域組織が存在しなかったが、地域の将来に危機感を覚えたE氏が中心となり、店舗間の協力を促すために二〇〇八年の春に商店会を結成した。だが、多様な店舗がある街路Yにおいて、新しい商店会に対する関心はそれほど高いとは言えず、加入店舗数は少ない状態が続いていた。そこで、会長に就任したE氏は、商店会の活動が広く地区に知れ渡るように、地域の論争の的となっていた監視カメラの設置に着目したのである。

商店会が費用と運用を引き受けると宣言したことにより、住民にとって設置の障害は見当たらなくなった。B氏らもこれまでの困難な議論の過程を考慮して、「設置して悪いということはない」と述べ、結果に同意した。こうして設置は地域の合意となり、まちづくりのための監視カメラというA氏らの主張は、合意を説明する意味づけとして公的に利用されるようになった。監視カメラの設置は、住民ならば誰もが実感する、地域に広がる不安の解消を目指した取り組みである。さらに、その実現に向けた議論は、地域が新しい人間関係を結びながら成長する過程でもあった。支援室やD氏、あるいは飲食店組合の支援、さらには商店会という新しい組織の協力は、まさに地域の結び直しを表すものであり、住民も含めた協議会における合意は、対立を乗り越えたまちの成長の象徴でもある。監視カメラ設置の過程は「まちづくり」そのものだとみなすことができる。そして、こうした公的な意味づけは、X地区を訪れるマスメディアや設置を検討する他の地域の役員に伝えられることになった。

以上のように、X地区においては、協議会という新たな文脈のなかに監視カメラが位置づけられ、そこに多様な思惑をもった関係者が絡まり合うことで、その意味づけが肯定的なものとして再構成されていた。しかし、それぞれの思惑から成立したこの意味づけは、あくまで非連続的なつながりであるために、公的な表象としてはともかく、地域の内部においては、それほど強い統合力をもっているわけではない。その限界が明らかになれば、監視カメラに疑問を持つ意味づけがふたたび成立することもまた十分に考えうる。実際に、そうした変化は、X地区における設置決定後の語りから確認することができる。

5　第Ⅲ期　意味の弱体化（〜二〇〇九年六月）

一度は統合された公的な意味づけの弱体化は、議題としては監視カメラの設置を支持してきたさまざまな関係者が、実は監視カメラ自体にそれほど意義を見出していない、ということから必然的に生じる帰結でもあった。

設置をめぐる議論の過程からわかるように、支援室やD氏が求めていたのは、監視カメラの設置そのものではなかった。むしろ、何らかの提案の達成を通じて、住民や協議会の参加者に、まちづくりの進展を実感してもらうことが重要だった。そのために、設置の決定後にあらためて関係者に個人的な感想を尋ねると、驚くべきことに、彼らの一部は監視カメラの有効性が明瞭ではないことをよく知っていると吐露した。[*7] また、商店会の振興をねらったE氏も、監視カメラの設置が決まってからは協議会にそれほど出席しなくなり、街路Yにおける活動に集中するようになった。

だからこそ、設置を支持した関係者の便宜によって、監視カメラの広がりが抑制されるという事態も起きた。協議会において設置が決まると、商店会は設置に向け、防犯機器を販売する企業に見積書の作成を依頼した。実際に街路Yに設置をするとして、どれほどの台数や費用になるのか見当のつかない商店会は、協議会と相談しながら、いくつかの例を示してほしいと企業に依頼したのである。見積書のなかでは、台数と費用が比例するという前提で、警察の当初案だった二〇台から、街路の防犯としては効果を見込みにくい五台が提示された。しかし、この見積書に商店会はあわてることになった。その金額はまったく商店会の見通しが甘かったことを示すものだったからだ。商店会の取り組みを期待するA氏らからは、その都度の進捗状況を知りたいという要請があり、協議会においても見積書の内容や商店会内部の議論が逐次報告されたが、協議会の回数を重ねるごとに、E氏の発言は少しずつ慎重になっていった。商店会にとってみれば、どのような台数でも活動の周知という目的は果たせることもあり、無理をする必然性はどこにもなかったのである。もちろん、行政の補助金も活用したのだが、商店会の予算規模とランニングコストを考量すると、最終的な設置台数は、最少の五台に落ち着かざるをえなかった。

この期待から大きく外れた決定は、協議会のなかでまちづくりのための監視カメラという意味づけがあらためて問い直される契機となった。結局のところ、監視カメラの設置は地域の課題を解決するのか、課題の達成が本当に地域の関係性の強化や、人びとの成長につながるのか、という論点がこれまでよりも指摘されやすくなったのである。そのなかで、ふたたび一定の共感を得ていったのが、B氏による次のような考え方である。

まあ防犯カメラというのも、これまでのことを繰り返しているというところもあって、結局は土木というか何かをつくったりして、まちづくりをするという発想なんです。ただ私はそういうことではなくて、自分たちで軸を決めて、そこから話を始めるということが絶対に必要だと思っています。

B氏は、設置決定後の感想について尋ねた際に、公共事業とX地区における監視カメラの設置が実は似ていることを指摘した。それは、地域住民の意図とは半ばずれた課題を名目に、人材と資金が地域に集中した帰結として等しく理解ができるからだ。そして、そのような意味づけをあらためて監視カメラに与えることで、設置に至る過程を反省し、今後のまちづくりのために何が必要かを再考する契機にしたいとB氏は述べた。

そうした理解を示すB氏は、協議会に関してもA氏とは異なる意義を見出していた。その意義とは、「軸」や「ビジョン」という言葉に典型的に表れている。B氏は、「今後一〇年二〇年、このまちがどうなっていくか、周りの地区と比べてどんな特徴があって、そのなかでどうしていくのか」ということを共有するための場として、協議会の今後を構想していた。B氏にとってまちづくりとは、こうした将来に向けた展望を優先させたものであり、そのなかにさまざまな事業を位置づけていくことにあった。B氏は監視カメラについても、目の前の課題を解消するものとしてではなく、地域の将来を展望するなかで、本当に有意義なのかを問い直したうえで、その必要性が検討されるべきだと述べた。

このように監視カメラを評価する新たな意味づけは、協議会における議論の過程を、地域にとっての実質的な意義という観点から反省的に捉える意見の広がりとあいまって、少しずつ地域の住民や協議会の参加者に浸透するようになった。例えば、自治会が設置の状況について商店会と連絡を保つための役職である「防犯カメラ設置委員」に就いたF氏は、これまでの過程を振り返り、監視カメラの効果ばかりが問われ、その目的が主題化されてこなかったと反省した。

結局ね、みんながどうしたいかっていうことが一番必要なんだよ。このまちをどうしたいのか。そういうことを考えないといけないのに、そういうことをしてない。防犯カメラが必要かというふうに言われれば必要。そんなものは付けられるなら付けたらいい。でもね、それは一番大事なことじゃない。そういう意味ではBさんの言うことは正論なんだよ。

F氏はこのように述べ、監視カメラの設置が目的を十分に考慮しないままに進むことに対して違和感を表明した。F氏は、X地区における監視カメラ設置計画を、地域にとってどのような意義があるのかをまったく考慮していない「設置のための設置」であるとみなし、むしろB氏が指摘するような論点を考える必要があると、設置後に表明するようになった。

こうした新しい意味づけの広まりは、設置が決まった後の段階においても、それまでの過程を反省的に捉えることで、監視カメラに対する人びとの意味づけがふたたび変化する可能性を示す。それは、一度は定まった状況の定義を、地域にとって必要なものという観点から捉え直す試みであり、監視カメラが構成する現実を地域の内部から変化させうる重要な実践だとみなすことができる。

6　おわりに

　本章では、監視カメラの設置過程を、意味の競合、統合、弱体化という三つの時期に分けて記述してきた。まず、警察から監視カメラの設置が提案された時期においては、設置を歓迎する意見とともに、監視カメラの設置を消極的に捉える意味づけも、地域のなかで形成されていた。そして、設置に消極的な意味づけが、外部の要請にしたがって地域内の意見を集約することに対する違和感や、マスメディアによる批判的な解釈と結びつくことで、最終的に監視カメラの設置計画が頓挫していた。

　しかし、協議会においてまちづくりの議論が展開された時期においては、まちの課題である不安や関係性の希薄化の解消が重要であり、監視カメラはまさにそれを果たすものだという意味づけが成立していた。そして、それがさまざまな関係者の思惑に支えられることで正当化され、最終的に監視カメラの設置が決められていた。

　最後に、設置決定後の時期については、住民の一部が監視カメラの設置過程を、関係者の妥協の産物でしかなかったと振り返り、むしろまちづくりの目的を見定めるような議論が必要だったと語りはじめていた。それは、監視カメラの設置を、その地域に自生する意味づけから反省的に捉え直す実践だったとみなすことができる。

　このように、本章の事例からは、監視カメラの設置をめぐって意味のせめぎ合いがあること、監視カメラの設置を促進する社会的な動向のなかにあっても、ただそこに埋め込まれるのではなく、地域の具体的な生活のなかで、状況の定義を再構成するような意味づけが成立しうることを確認してきた。こうした意味づけの存在は、本書が「はじめに」で触れたような社会的な変化のなかに位置づけたときに、いかなる意義があるとみなせるのだろうか。この点を最後に検討してみよう。

注

＊1　X地区には、商店会や飲食店組合も存在するが、その活動範囲は街路を単位とするか、X地区を含む繁華街全体を単位としており、地区を基盤とした組織ではない。そのために、いずれの団体が活動する場合でも、地区全体に影響が及ぶ場合には、まず自治会と相談・協力することになる。

＊2　筆者は協議会や自治会の行事に参加し、休憩時間や協議会後の懇談の際に、関係者から聞き取りを行った。とりわけ重要な関係者については、個別の聞き取りを行った。役員、関係者、支援室、大学教員など合計で一七人に、協議会の議事録などの情報を確認しながら聞き取りを行った。

＊3　この当時、犯罪「増加」に対処する方法の一つとして、警察は「割れ窓理論」にもとづいた防犯活動を推奨しはじめていた。「割れ窓理論」とは、ある場所で軽微な逸脱を放置すると、犯罪の発生やその悪化を招くというものである。そのため、コミュニティによる日常的な防犯活動と防犯意識の醸成が求められていた（警察庁 2002: 86）。

＊4　住民の記憶によれば、掲載紙は『読売新聞』である。だが、掲載日や詳細な内容については確認することができなかった。

＊5　D氏は都市政策を研究しており、支援室とは設立時から交流をもつ。支援室は、感情的な対立から協議会が停滞することを防ぐために、中立的な意見調整役としてD氏を招聘した。

＊6　関係者によれば、番組とは以下のものを指す。日本放送協会『世界潮流 2004　監視社会　あなたはいつも見られている』二〇〇四年八月一日放送。

＊7　例えばD氏は、「防犯カメラなんて意味無いことがわかっているじゃないですか。イギリスでも四〇〇万台付けて、その後の犯罪の発生には何にも関係ないということじゃないですか」と述べ、監視カメラの有効性についての学術

的な議論について理解を示していた。

終　章　開かれた反省性と閉じた反省性

1　監視カメラとコミュニティの循環的構成

本書はこれまで監視カメラの設置と運用の過程をいくらか確認してきた。それは人びとの絡まり合いからなる過程であり、必ずしも首尾一貫してはいない「非連続的な行為の連鎖」とも表現できるような過程だった。

ただし、こうした非連続的な行為の連鎖は、それがいくつかの作用をもたらす点で、無意味な行動の羅列というわけではない。やはり、それは一つの連鎖であり、地域社会や人びとの認識を変化させてきた。本章では、こうした作用の要点をあらためて確認し、監視カメラの広がりが現代社会の何を象徴するのかを考察したい。

そのために、まずここで分析の視座を移動させてみよう。前章までは人びとの行為とその絡まり合いを観察の立脚点としていたのに対し、ここでは監視カメラとその機制を中心とする視座に切り替えてみたい。それにより同じ過程を別の枠組みから把握することができるからだ。

では、監視カメラがその設置と運用の過程において及ぼした作用とは何だったのだろうか。それは生活領域に新たな境界線を設定したということにほかならない。監視カメラはその設置の準備段階において、必要な人材や費用などの社会資源を地域の内外からかき集めて新たな地域組織を立ち上げた。さらにその組織の存続と維持のために設置と運用の妥当性を正当化する一種の循環的な論理を監視カメラは成立させていた。そうした機制によって、監視カメラと地域組織は同時に存在意義を獲得し、生活領域に変化をもたらしていた。いわば、監視カメラという装置が持ち込まれることで、日常の生活領域の一部は、これまで以上に多様な地域外の関係者を含むコミュニティに変容したと考えることができる。

地域社会におけるコミュニティ化の進展は、二〇世紀の末に急速に拡大したガバナンス、まちおこし、地域福祉といった概念が象徴するような日本社会の構造的な再編成の一部としても理解はできる。こうした概念の拡大と時を同じくして、補助金の供給や自治体の専門部署の開設など、地域をまちづくりの主体と位置づけるためのさまざまな施策が広がった。また、治安に関連する分野についても、環境犯罪学の展開とも並行しながら地域化が進展し、防犯に安全・安心のまちづくりという標語が与えられたことも第2章でいくらか確認してきた。このような政治・経済・福祉・治安をはじめとするさまざまな分野で共通して成立したコミュニティ・ブームのなかに監視カメラの広がりを位置づけることはできる。実際に、広義の監視社会研究のなかにも、新自由主義的な国の施策が地域社会の空間的な再編を促したと指摘するものがある（Sennett 1990, Zukin 1995, Coleman 2003, 吉原 2007）。

ただし、ここではそうした空間の再編論を重視することは避けたい。というのも、生活領域の再編成を社会の構造的な変化が反映した結果だと捉えることは、監視社会研究の枠組みに立ち返ることを意味するからだ。空間の再編論も、社会の構造的な再編過程がひとしく地域に影響を及ぼすことを暗黙裡に想定している点で、数ある監視装置のなかでなぜ監視カメラが突出して社会に広がったのかという問いをやはり扱いきれない。

本書の立場をふたたび確認してみよう。社会の構造的な再編過程は、そのまま地域社会にひとしく影響を及ぼすわけではない。実際に、地域社会の主体化に関する諸施策において使用されるコミュニティの概念は、相互に異なり、また常に揺れ動いている。それらのコミュニティ概念は、地域のステークホルダーを指すことも、行政単位としての自治会や小学校区を意味することも、あるいは専門職に媒介された支援のネットワークを表すこともある実に多義的なものだ。

したがって、コミュニティという概念の構成を構造的な変化のなかで一元的に捉えるべきではない。生活領域が変化するときに、いかなる境界線が設定されるのか、またその境界線にどのような意味が付与されるのかは、そこにたずさわる人びとの活動を通じて成立するからだ。いわば、本書は空間の再編ではなく、空間の再定義を分析の中心にすえるということだ。

コミュニティについて記述する際には、むしろ次のような枠組みが必要だろう。現代社会においては、多様な実践が地域という概念をもちいながら展開されており、そのなかで重層的かつ再帰的にコミュニティは構成されつつある。そうした構成の過程は、何かしらの媒体の作用に焦点をあわせ、それが人びとと取り持つ関係性を詳細に検討することではじめて具体的に見通すことができる。つまり、監視カメラをめぐるコミュニティの構成は、それ自体に内在した観察が必要であり、そうした観察によってこそ、地域をめぐるポリティクスの一部を詳細に論じることができるということだ。

2　三つの機制による空間の再定義

それでは、監視カメラはどのようなコミュニティを構成していたのだろうか。もちろん、それは監視カメラがそなえる機制に関わる。先取りして言えば、迷惑行為や犯罪という異物の表象、境界線の中立的な構成、外部委託による結論の固定に分けられるだろう。

まず、監視カメラがコミュニティを構成する際には「異物」が重要な準拠点になっていた。本書において、そうした異物は、一九九〇年代に監視カメラの広がりとともに拡大する「迷惑行為」という表象や、事例において確認できた「地域の部外者」という語り、あるいは監視カメラの映像を提供する際に地域の人びとが目撃し、また捜査機関から伝え聞く「犯人」という表現のなかに示されていた。そして、こうした異物の存在が確認されることで、生活領域のなかに忌避すべき他者と保護すべき自己という境界線がひかれた。そこに監視カメラとその設置・運用を担うコミュニティの正当性が成立することになった。

監視カメラは映像に投影される異物を展示することでコミュニティを構成し、同時にそうしたコミュニティが自他の区別をもうけることを可能にしていた。監視カメラはこの外部の異物と内部の不安を同時につくりだす機制によって、生活領域の一部をコミュニティとして区画化したと言ってもいいだろう。

また、監視カメラという装置が巧妙なのは、こうした境界線の設定が中立的になされているようにみえることだ。例えば、異物を視聴させる機制が監視カメラによってではなく、人為的に行われた場合を想定してみよう。おそらくその場合、ごくまれにしか現れない異物を取り上げ、人びとに繰り返し確認させる人物には疑念が生じることも少なくないだろう。ところが、監視カメラの場合にはそうした過程は自然化される。自動化された映像の撮影は、日常的な平穏や異質なものに対する揺れ動く解釈を伝えることはなく、ただ判然とした異物の展示の瞬間だけを切り取る。

実際には、私たちは監視カメラから特定の映像だけを切り取り、しかもそれだけを目に触れるように選択しているのだが、こうした隠れた作為性は監視カメラの機制を詳細に検討しないかぎり捉えられない。むしろ、異物を展示する監視カメラの映像は中立的な過程を経て、コミュニティにとどくようにみえる。人びとは監視カメラによって行為の水準と表象の水準を分別し、後者だけを意識の対象にしている。

第4章で示したとおり、監視カメラの映像は捜査機関からの要請をうけたときに、はじめて確認される。設置と運用に直接たずさわる人びとの観点に立てば、普段はその存在を忘れている映像が、天災のようにまったく非作為的に、突如身に降りかかるように見えるだろう。[*1]

このように、異物の表象は人びとにとって作為や選択の余地がないと感じられるために、中立的に行われているとしか考えられない。その過程が人為的に行われた場合には、別様の解釈や異質なものとの接触の可能性が残されているはずだが、それが遮蔽されているという意味で、監視カメラによる自他の区別は人びとにとってまったく必然的なものである。監視カメラによる境界線の設定は、意図して始められたにもかかわらず、その認識においてはまったく非意図的なものである。

最後に、映像の評価が捜査機関という外部に委託されていることも、監視カメラによるコミュニティの構成における特徴の一つだった。やはり第4章において述べたように、捜査機関の要請をうけて人びとは映像を確認し、該当部分を引き渡すが、その後に映像の利用について詳細に説明されることはない。捜査の内容は機密事項であり、映像の意義に関しては決して明らかになることはないからだ。人びとに伝わるのは、捜査機関からのあいまいな報告と協力への感謝のみである。監視カメラの設置と運用にたずさわっているにもかかわらず、人びとは不安を呼ぶ映像を目撃することしかできず、監視カメラの意義を検証する過程からは切り離されている。その映像が捜査や問題の解決に役立ったのか否かは人びとには不明のままである。

また、コミュニティの側も、結果を詳細に明らかにしたいとは考えない傾向にある。監視カメラの設置と運用は、補助金の利用や反対者の存在を考慮すれば、決して失敗してはいけない事業だからだ。むしろコミュニティにとっては、捜査機関による断片的な報告と感謝こそが、監視カメラの妥当性を確保するための根拠として必要な言葉ですらある。

監視カメラ映像の妥当性は、だからこそ反証されることがない。映像利用に関する詳細な検証が可能であれば、その妥当性が問われることもありうるが、外部委託によってそうした可能性は遮蔽されている。コミュニティが街路に設置する監視カメラはその妥当性に対する反省性を成立させない機制を内包している。監視カメラに関して人びとが理解できることは、それが異物を繰り返し映し出すという作為のない「事実」と、その効果は常にあるという固定された「結論」だけである。

異物の表象、境界線の中立的な構成、外部委託による結論の固定によって、いかなるコミュニティが循環的に構成されているのだろうか。おそらく、そこで構成されるのは、実際に対面することのない異物を繰り返し表象して自他の境界線を設定しながら、それを自然発生的に捉えるような側面をもつコミュニティだろう。

監視カメラの機制とそれが構成するコミュニティの性質は、国家政策に導かれたという説明や、新自由主義的な競争原理の生活領域への介入という説明からはこぼれ落ちてしまう。それは社会の構造的な変容によって成立したというよりも、いくつかの作用が折り重なることで成立した関係性や境界線に対する定義の変更だとみなせる。監視カメラの設置と運用の過程には、生活領域を変質させる意味の構成がともなっていたと考えられる。

3　反復的な異物の視聴と自己撞着としての権力

監視カメラによるコミュニティの構成には、もう一つ時間という要素もまた重要な役割をはたしていた。監視カメラがもつ機制のなかには、時間の論理的操作と、異物の反復的な確認という時間に関するものが含まれていたことをあわせて確認しておこう。

実のところ、空間の再定義に影響を及ぼす三つの機制のうち、境界線の中立的な設定は、そもそも時間との関係なしには語ることができない。というのも、映像の提供をもとめられた人びとにとっては、自らが直接的には認識してこなかった異物を、巻き戻して視聴する過程がそこにはあったからだ。それは見逃されてきた過去を現在化し、未来に向けた対策を必然化する論理の基盤としてはたらくことになっていた。また、このような時間の論理的操作は、観察の結果を「結論」として共有する、あの二方向の解釈においても確認できた。二方向の解釈は、過去における異物の発見と未来における異物の防止を相互に参照し、防犯と追跡の効果という同時には成り立たないはずの語りを可能にしていた。それにより、監視カメラは自らの効果の妥当性をいかようにも証明することができ、同時にその設置と運用を担うコミュニティの妥当性を確保することができた。監視カメラという技術を導入したことで、人びとは一定の時間を切り出し、それを解釈の対象とすることに成功していた。

さらに、映像を確認する過程が反復することもコミュニティの構成にとっては重要だった。監視カメラの映像は、これまで見逃されてきた異物を取り出し、実はそれが地域に散在していることを人びとに繰り返し確認させていた。そうして監視カメラの必要性を主張することは設置前よりも容易になり、その継続的な確認がコミュニティの維持を可能にしていた。監視カメラはそれに実証的な効果があるかどうかが問題なのではない。むしろ、異物を繰り返し展示することでみずからの意義を立証し続けるという循環論法を維持することにその意義がある。監視カメラとそれを設置・運営するコミュニティは、敵対性を反復的に表象することで、地域において一定の現実を維持することに成功していた。

このように、時間という要素をくわえることで、空間の再定義はより確かなものになっていた。中立的な境界線の設定が反復することで、人びとは自ら思考することなく、コミュニティを自然な区別のもとで捉えることができた。以上のような監視カメラの機制がもたらす構成的な作用を、現実を作り出し、そこに地域という空間や人びとを回収するという意味で、権力と読み替えても差し支えないだろう。もちろん、権力の構成性それ自体は、M・フーコーを一つの出発点とする監視社会研究にとって既知の論点ではある。しかし、問題は監視カメラが構成しているものが個人の身体でも情報の束としてのデータベースでもなく、空間を再定義する共同体であり、またその共同体が監視カメラの意義を固定するという自己撞着的な過程だったということだ。

この権力は外部にある規範の内面化の過程ではないし、また自らの消費性向の拡大延長と予測の過程でもない。むしろ、それは反省なき自己撞着を成功させる技術と共同体の関係性を表している。

4　権力の文脈を確定する共同体の呪術

広く知られたことだが、フーコーは『安全・領土・人口』のなかで、それまでに考察してきた権力を、主権、規律、安全という三つの類型に整理している[*2]（Foucault 2004a=2007: 8-12）。

主権は中世から一八世紀にかけて主流となった権力であり、王権が臣民に対してふるう生殺与奪の権力である。それは臣民に対して遵守すべき規則をもうけ、そこから逸脱すれば絞首刑、追放刑、罰金刑のような生の破壊をもたらす処罰を科そうとする。正常と異常の区別をもうけ、それを強制することによって、規則とその源泉である王権の権威を維持する。それがこの権力の主要な関心である。

それに対して、一八世紀以降、権力の類型のなかで主要な位置を占める規律は、処罰の実施そのものではなく、逸脱を未然に防ぐことを目的とする。その際に用いられるのが監視の技術である。碁盤目割の街路や可視性を確保する収容施設の建築技法があらわすように、監視の技術はまなざしを通じて個人の身体と行動を制御しようとした。また、規律は逸脱が発生した後の処置についても主権とは異なる方法をとる。主権のように処罰を通じて生の破壊と規則の維持を志向するのではなく、規律は罪人を拘禁し、身体と行動を矯正することを目指した。そこでは生存の可能性を増大させることが権力の目的ですらある。このように、規律は処罰によって人間を廃棄せず、規範を主体化した個人として生き直させるために、むしろ「生かす権力」の一部にも位置づけられる。

三つ目の安全は、まさに現代において組織化されている権力である。安全も規律のように、監視による予防と矯正のための処罰を継続するために「生かす権力」に分類される。ただし、そうした措置の実施にあたって規律とは大きく異なる特徴がある。それがコスト計算である。予防に関して言えば、そもそもどのような環境条件で当該の逸脱は起きやすいのか、逸脱者はどのような社会的属性をもっているのか、という問いかけによって逸脱を測定することがそうした計算にあたる。そこで語られているものは、建築的な技術による身体や動作の具体的な方向づけではなく、確率統計的な諸要因にもとづいた情報の分析と予防的制御である。処罰に関しても同様である。逸脱はどの程度の抑止をすれば最少になるのか、むしろ取り締まりを軽減する方が逸脱は増加しても損害は減少するのではないかという問いの提示が、この権力のもとでは拡大する。こうしたコスト計算は、主権のように規則によって明示される正常と異常ではなく、大規模な情報をまとめて算出される最適値や一定の幅をもつ正常範囲をもとに逸脱と処罰を分析する。

同様の権力論に関しては、『生政治の誕生』においても詳細に展開されている。フーコーによれば、二〇世紀に急速に影響力を拡大する社会政策のなかで、「コスト」や「投資」という用語がふんだんにもちいられるようになった（Foucault 2004b=2008: 274-284）。子どもの生を人的資本の構成とみなすことはその典型例だろう。子どもの生の機会を増大させるためには、直接的な教育投資や学習時間の確保だけではなく、ゆりかごにいるときの愛情の時間、夫婦生活の状態、両親の養育水準といった関連する要因に対する最適な投資が必要であり、それにより子どもの人的資本を正常範囲に維持できるという認識は二〇世紀を通じて発達した（Rose 1999=2016: 282）。そこでは、もはや身体をともなう個人は重要ではない。むしろ、集合的な情報にもとづく犯罪の確率や子どもの生に関する諸要因が分析の対象であり、犯罪の撲滅や完璧な子どもを現実化することではなく、コストとメリットの観点から最適な地点を探ることが目指される（Foucault 2004b=2008: 255, 318）。安全、規律を含めない生権力あるいは生政治と呼ばれる概念は、多少の齟齬がありながらも、同じように保険におけるリスク計算のような確率統計的な知や技法というものを表現しようとしている（Castel 1991: 288）。

こうした権力の類型はそのまま監視社会論にも引き継がれている。監視社会論はこの類型論から規律と安全を取り出して対比的に捉え、確かに確率統計的な監視の技法が一般化しつつあると認める。ただし、監視社会論は議論をさらに展開するにあたり、消費とデータベースという論点を付加し、それにより権力の類型論を現代社会論に転換する。監視社会論が着目した点は、確率統計的な技法をともなう権力が社会にあふれることそのものではなく、むしろそれがどのような社会を成立させるかということだった。たとえば、監視社会論は商品の売買を通じて個人情報の収集が行われること、それを累積させたデータベースの利用に際しては大量の個人情報にもとづいた意識や行動の予測が重視されること、さらにそうした予測を個人がまさに自己を表すものとして受容することを指摘する。それにより、確率統計的な技法の広がりという論点をふまえながらも、個人情報を累積したデータベースという中立的な社会と、その呼びかけにこたえる個人という新たな現代社会像を提示していた。

だが、本書が明らかにしてきた監視技術の特徴は、こうした監視社会論の枠組みとは異なるものだった。それは監視カメラが異物という他者表象を媒介にコミュニティを構成するが、同時にそのコミュニティによって監視カメラの意義が保証されるという循環的なものだったからだ。もちろん、監視社会論においても、データベースと個人の関係性は循環的ではある。個人情報の収集、利用、受容は、社会と個人の相補的な関係性を指し示しているからだ。ただし、そこに他者は登場しない。監視社会論は、規律と安全の差異を現代社会論に転用する際に、個人的な欲望を充足するための消費という論点を焦点化したために、孤立した個人と社会との関係性を暗黙裡に前提している。だからこそ、ほとんどの監視社会論において、データベースが提示する情報と個人が循環的な関係を結んだところで、何ら問題はないと結論づけられてきたのである。自己が好む情報をデータベースから繰り返し取得しようが、それ自体は個人的な趣味の域を出ないからだ。しかし、監視カメラがもたらす情報は、他者の敵対性を繰り返し表象することで、自他の区別を自明視する現実を固定化し、一定期間にわたって継続する共同体を構成していた。

確率統計的な情報の取得と利用という論点に意義があると一方で認めながらも、他方で数ある監視技術のなかで、監視カメラにとりわけ注目が集まっているとすれば、やはり敵対的な他者を表象することに社会は意義を見出しているのではないだろうか。現在では映像技術が急激に進歩し、もはやモニターに対象を映し出さず、身体の各所のみを映し出す技術などがあるにもかかわらず、それがさほど社会的に広がらず、むしろ今なお比較的簡素な街頭監視カメラが受容されていることも、その証左となっているように思われる。

このように、監視社会論とは異なり、本書は他者の表象を媒介として一定の現実を作り出す監視カメラの機制を、ある種の「閉じ」をもつものとみなす。そして、もしそうした権力をともなう技術が近年になって急速に受け入れられたとするならば、それを求める社会が成立していることを象徴するのではないだろうか。

5　二つの反省性

一方で、監視カメラをめぐる事例からは、その閉じた循環をさらに捉え直す反省性も確認できた。第5章において、監視カメラの効果を維持するために、コミュニティを構成してきた人びとの一部は、まちの将来という語りを通じてそれまでの施策を捉え直していた。それは監視カメラの設置・運用の過程で構成されたコミュニティを、生活領域の持続性という観点からもう一度定義しようとする実践だったと言えるだろう。

こうした意味づけの意義を理解するために、都市における監視と秩序を批判的にとらえ、人びとの実践を対置したM・セルトーを取り上げてみよう（Certeau 1980=1987: 199-213）。セルトーは数量的な捕捉のように都市を俯瞰する監視と、そうしたまなざしによってはすくいとれない「日常的な営み」を分け、後者が自らもその意味を読み取れないままに、「見ることのできない空間を利用している」と指摘している（ibid.: 202）。人口として理解される個人ではなく、日常の生活を営む具体的な人びとは、その行為を通じて権力を現動化しながらも、同時に別様の意味を常に生み出してもいる。セルトーが示したのは、自己撞着をうながす社会の再生産のなかにとらわれ、それに巻き込まれながらも、まさにそのこと自体が自己や空間の配置や他者との関係性を変質させるという、行為の遂行そのものがもつ潜勢力である。

ただし、セルトーの分析は、確かに日常的な行為における生成的なものについて触れているが、同時にそのことを行為者はみずから認識していないようにも理解できる。セルトーの叙述において、人びとはただ日常の人生を送っているのであり、その遂行が生成性をもっているという理解は、人びとを眺めながら通り過ぎるセルトーによって付与されたとすら言えるかもしれない。セルトー自身は、他でもなく人びとの日常実践に触発された理解だと考えるかもしれないが、自らの「日常的な営み」に反省的に言及する人びとの言葉や意識が正面から論じられることはない。そのために、それが行為者から触発されたものなのか、行為者を解釈したものなのかが切り分けられない。

もちろん、セルトーが指摘するような行為それ自体がもつ生成性に言及することは非常に重要な意義がある。だが、第5章の事例において、一部の人びとは、監視カメラの機制に巻き込まれ、異物の反復に直面しながら、それでもなお別様の理解の枠組みに言及していた。このことが示すのは、人びとはセルトーが指摘するような潜勢的な位相だけではなく、さらにそれを自らの現実に対処するために半ば意識的に捉え直しているということだ。

こうした反省的な理解が成立しうることを、あくまでも身体を基盤に把握することもできる。例えば、J・バトラーによれば、いかなる行為もそれが実施される場面の言葉や規範によって抑圧されているために、行為は同じ形式の経路をたどる繰り返しを余儀なくされる。しかし、まさにこの定型化された繰り返しによってこそ、行為にはある種の生成性が成立することがある。というのも、繰り返される行為は、繰り返されるほど、当初の意味を徐々にずらしていくからだ（Butler 1990=1999: 220-221)。どれほど当事者にとって真剣で深刻な行為だったとしても、あまりにも頻繁に繰り返される行為は同型的で連鎖をなす一種の過程となり、ときに笑いの対象となることがある（Butler 2008: 380)。そこでは、行為の反復性そのものがときに笑いという、それまでとは別様の意味や行為を表出させる可能性が指摘されている。

確かに、監視カメラの意味を捉え直すという実践も、ある程度はこうした身体的な位相における繰り返しが表出したものとみなすことができる。監視カメラの機制がもたらす自己撞着とは、その循環のうちに人びとが意識することなく巻き込まれることであり、そのために監視カメラの機制はとどこおりなく働くことができた。だが、そうした反復のゆえにこそ、その過程は一種の違和感を成立させる契機になった。監視カメラがもたらす自己撞着性を人びとが反省的に捉えられたのは、こうした身体的な位相が基盤になっていたと考えることは確かに可能ではある。

ただし、それでも、監視カメラの意味を捉え直す事例の意義をすべて説明しきることは困難だろう。やはり事例において、人びとは自らの意味の転換を言明しており、反復する行為の結果を反省的に捉え直していたからだ。こうした言明をある程度、身体の位相から理解することは妥当だとしても、やはり反復する行為に対する違和感を捕捉する意識も成立していたと考えることができる。

A・ギデンズはこうした身体と意識の関係を、実践的意識と言説的意識に分けて整理している（Giddens 1984=2015: 33)。実践的意識はまさに身体的な位相において担われるものであり、言語化されないが、それでも自らが遂行していることを理解している半意識的なものである。それは、身体によって遂行されていることを「知っている」点で、規範と資源によって自動化される無意識あるいは動機づけの位相とは異なり、行為者性（agency）に関わる領域である。それに対して、言説的意識は、行為者によって理解され自ら言語化できる意識のあり方を示している。ギデンズは無意識と、身体的な半意識および言説的な意識を分割して示したということになる。

また、ギデンズは、このように意識を二つに分けると同時に、それらの間に相互浸透の関係を想定している。とりわけ、これまでの議論にとって重要なのは再帰的モニタリングだろう。そこにおいて、ギデンズは実践的意識によって遂行されてきたことが、その行為から派生する別様の意味も含めて、言説的意識に捉え直される機制に言及しているからだ。いわば、ギデンズはバトラーと逆方向から身体と言説の間を架橋しようとしていると考えることができる。

しかし、ギデンズ自身はそうした越境性を指摘しながらも、それがいかにして発生するのかという点に対して十分に説明を加えていない。身体意識と言説意識は二重性をもち相互浸透すると言いながらも、具体的な現象を通してそのことが把握されるわけではない。そのために、ギデンズの反省性は、人びとのもつ意味に変化が起きたときや社会構造に質的な変容が起きたときには、言説意識による捉え直しが成立していたはずだという理論的な記述にとどまっているように思える。

とはいえ、そう批判しながらも、こうした越境性がなぜ発生するのかという点について、ここで十分な解答を与えることはできない。その意味では、この点はさらなる検討が必要な課題として残ってしまうが、ここではその方向性を示す一つの試論として批判的実在論を参照してみたい。

批判的実在論は、多様な分析手法や推論を併用する方法論的な枠組みだが、その推論のなかでもとくに重要な形式の一つとして「アブダクション」を位置づけている（Danermark［1997］2002=2015: 135)。アブダクションとは、判明している要素を単純に足し合わせるのではなく、判明している要素から拡張して考えることのできる結論を仮説的に導き出す推論であり、批判的実在論は従来とは別様の結論を導き出すことができるこの「弱い推論」を一つの意識的な論理の形式として採用している。

こうしたアブダクションの特徴は帰納法と比べるとやや理解が容易となる。アブダクションと帰納法が共通している点は、部分から全体を把握するという推論の形式である。いずれも、判明しているサンプルや事例の特徴を取り出し、それをより広い範囲でも適合するものと理解する方法である。

ただし、両者にはサンプルや事例の拡張性という点では大きな違いがある。帰納法もサンプルや事例をより広い範囲でも妥当するものとみなすものであるために、拡張的だと考えられるかもしれないが、その拡張性は限定されている。なぜならば、それは部分の観察をそのまま全体の特徴とみなすからだ。あるサンプルや事例において妥当な結果を、一定の留保のうえで、そのまま全体にも当てはまると考えることが帰納の方法なのである。もちろん、それは部分の共通性を見つけ出して一般化するために、これまでになかった論点を付加できるという創造的な側面もある。しかし、その創造性はあくまでサンプルや事例の内部で認められるものに制限される。

一方で、アブダクションは、あるサンプルや事例をもとに、それがどのような文脈であれば実現しうるのかという枠組みそのものを仮説的に推定する。その文脈はサンプルや事例の内部に共通する一般性として観察されるものではない。むしろ、サンプルや事例が可能となるならば、いかなる論理が形成されているかを問うことにある。そのために、サンプルや事例の「外部」に越境しながら、すでに知られている結論とは異なる因果の連鎖を創造的に設定することもできる。

もちろん、アブダクションは「弱い推論」であり、反証可能性にさらされたときに確実な知であるかどうかはわからない。また、先述した監視カメラの意味を捉え直す事例は、批判的実在論のような理論的な枠組みとは異なるし、当然のことながら厳密な推論の過程ではないだろう。しかし、アブダクションが既存の結論を組み替える、ある種の「飛躍」を可能とするものであるならば、反復する自己撞着の過程をそれまでとは別様の理解から捉え直す実践との距離はそれほど遠くないと考えることもできる。

身体的な位相において成立している自己撞着の過程が反省性のなかに捉えられ、意識的な水準において現実を捉え直すことにつながる。アブダクションが示唆するのは、そうした人びとの理解の転換を解釈する一つの可能性だろう。監視カメラによる自己撞着の過程は、セルトーが指摘するような身体的な位相における行為遂行的な潜勢力によって変化することもあるかもしれない。だが、それと並行しながら、また身体的な位相をもとに成立する「弱い推論」によっても既存の結論とは異なる理解に辿り着くことはできるだろう。社会の自己撞着的な過程に対して、それを解きほぐそうとする経路は身体的なものだけではない。本書の事例はこうした論点を示すように思われる。

また、事例が示すもう一つの論点は、監視カメラの意味づけを変容させる反省性は、自明性を新たな地平から捉え直すがゆえに、生成的で開かれたものだと捉えうるということである。本書は監視カメラをめぐる事例から二つの反省性を確認してきた。自己撞着をうながす監視カメラの機制は、その正当化とコミュニティの維持を目指す点で、いわば反復的で閉じた反省性とみなすことができる。それに対して、その循環を別様に把握しようとする反省性は、ひとまず機制の内部から脱することができたという点で、生成的で開かれた反省性と理解することができる。

ギデンズはこうした反省性に言及する際に、その種類をとくに区別していないように思われる。社会の構造を捉え直し、現行の支配の機制を変異させる反省性も（Giddens 1984=2015: 281）、ルーティンを維持することに躍起になる行為や、嗜癖的な行為の反復に陥ることも（Giddens 1991=2005: 50）、ギデンズにとっては同じ反省性のうちに捉えられている。

しかし、監視カメラの事例において、反省性がいかなる作用をもたらしているのかという観点をとれば、そこにはそもそも性質が異なる二つの反省性があったと言わざるをえない。反省性には、「異物」を展示しながら自らが属する共同体に正当性を与えるものもあれば、そうした自己撞着の過程を捉え直すものもあったからだ。その意味で、監視カメラの設置と運用の過程とは、こうした二つの反省性がせめぎ合う現場だったとみなすことができる。

もちろん、こうした区別が明確にできるかどうかは不透明だ。監視カメラの機制からは逃れているとしても、まちの将来や持続性を基盤とした反省性が他の機制の循環を支えている可能性は十二分にある。開かれた反省性がつねに開かれたままである保証はまったくない。しかし、そうだとしても、異物を通じた「私たち」の正当性という呪術を、しかもそれがまさに私たち自身によって構成されていることを見つめ直すことは、自己撞着の過程をひとまず留保してはいる。監視カメラの機制に社会の質的な変容が象徴されていると考えてもよいのならば、同時にそのなかでなお生成する反省性の存在は、開かれた社会の再構成が具体的な経験の水準においても可能であることを象徴しているのではないだろうか。

注

＊1　また、こうした不可視性は、人びとの関心がまちづくりや地域振興にある場合はさらに根深いものとなる。監視カメラは確かにコミュニティを構成したが、一度成立したコミュニティは監視カメラの設置・運用にとどまらない目的をもつ。まちづくりを念頭に置くコミュニティにとってみれば、監視カメラはその途上で必要となったものにすぎず、捜査機関の要請によって映像を視聴することは、日常的な意識を離れた副次的な作業となる。監視カメラの機制を詳細に検討すれば、それ自体が人びとに映像を視聴させる機能が随伴しているのだが、実際にそれを視聴する人びとにはこうした過程が二重に不可視となっている。そのために監視カメラの機制と人びとの実感との間には直接的な因果連関が結ばれることがなくなってしまう。

＊2　ここでは三つの権力を理念型的に区別して記述したが、フーコー自身は三つの権力が同時に関連し合うことを明言している。もちろん、三つの権力は時期区分がずれており、それぞれの時点で権力のあり方が大きく変わることをフーコーが強調していることは確かだ。しかし、同時にいずれかの権力が前景化しながら他の権力が存続することもフーコーは指摘している（Foucault 2004a=2007: 11）。これと関連して、生権力のなかに規律がふくまれることも、規律と対比的に生権力が定義されることもあることにも注意が必要だが、監視社会論の議論を確認するために、ここでは両者を区別して使用した。

あとがき

本書は、監視社会論に惹かれつつ、そこからどうにか距離をとるために考えたことを書き連ねたものだ。筆者は研究対象に迷い、ヴェーバー、ゴフマン、監視カメラとそれぞれを少しかじる程度で渡り歩いてきたのだが、結局のところそれらを貫く論点は閉じと開きだったように思う。終章では力量を顧みずにそれを強引に書き通した。

監視カメラに着目したきっかけはなんとなくだが覚えている。大学院に在籍していた頃に監視カメラが社会的に広がるようになった。マスメディアの報道においても関連する記事を目にするようになっていたし、気がつけば大学のすぐそばにあるＡＴＭにも、二、三個しかない受取口を囲むように五倍以上の監視カメラがはっきりと目につくように設置されていた。もちろん、それはその時期に何か問題が起きたせいなのかもしれないが、それにしても狭いＡＴＭに単一の技術を張り巡らせ、何かを追い払おうとする様子は、どこか呪術めいているように感じた。

これと前後して監視社会論を読むようになった。監視社会論が提示する権力論は「自由な閉じ」を指摘するものであり、確かに現代社会の動向をうまく理解できるように思えた。ただし、こと監視カメラにそれを当てはめると違和感も残った。監視社会論はネット空間を中心とした情報監視という枠組みにもとづいて議論を展開するのだが、その枠組みからすると監視カメラは「ローテク」にすぎたのだ。顔認証を導入した監視カメラは、なんとか個人情報の取得と利用に着目する監視社会論の範疇に入るのかもしれないが、むしろ社会に広まっているのは、ただ録画を続けるだけの非常に単純な監視カメラである。また、公開される映像は、抽象化された情報の束というよりは当事者の姿そのものだ。監視カメラも情報に関わるのだが、その取得と利用の仕方は何か別の権力とつながりうるのではないか。そのように見通しをたて、監視カメラについてあれこれ考えるようになった。

もちろん、考えた内容が一貫してうまく表現できたわけではないのだが、一つだけ言えることがあったとすれば、社会の監視化は必ずしも中立的なものではないということだ。監視社会論は情報監視が進むことを予防という論点と結びつける。個人化が進む社会においては、多様化・多元化した利害関心の対立を合理的な議論にもとづいて解決することはますます困難となる。そのときに必要とされるのは、対立が起きる以前に個人間の調整をする予防的な措置だ。意識以前の水準で技術的に個人を層化し、環境を整備すれば、できるかぎり対立を抑えることができる。カードがなければ入れない建物、手すりで区切られたベンチ、下草を取り払われた公園は、いずれも闖入者を防止し、対立が起きることを事前に制御している。それは意識以前の水準で中立的に対立が防止されていると言ってもいい。監視社会論の結論を勝手に言い直せば、それは技術に支えられたある意味で中立的な公共性とでも言えるのだろう。

しかし、こうした意識以前の予防的な措置は、あまりにも巧妙であるがゆえに措置の対象となる時空間に住まう人びとの自明性を引き上げてしまうことがある。監視社会論の文脈に沿って本書の結論を言い直せば、そのようにも記述できるだろう。確かに自らの自明視する現実を何らかの媒体によって客観化することは非常に古典的な権力作用かもしれないが、それがさらに個別化と巧妙化しているということだ。「ローテク」な監視カメラを求める現代社会とは、個別的な自明性を高める社会であり、例えばフィルターバブルといった他の現象とも共振しているのではないだろうか。

とはいえ、こうした議論を十分に展開できたかと言えば心もとない。本書を書き終えた率直な感想は、これで研究者としての第一歩を踏み出したと言っていいのだろうか、というものだった。もちろん、それは本書の不足点を認識してのことである。挙げればきりがないかもしれないが、本書は主要な部分にも課題を残したように思う。

まずは調査の密度である。地域の方々の十分には言葉にならない思いやその多義性や多層性について、もっと汲み取ろうとすべきだった。監視カメラ設置の過程を全体として把握しようと急ぎすぎ、そうした作業をおろそかにしたのではないだろうか。一つの結論に至った後に、あらためてその把握した内容をかみ砕きながら、何度も人びとと対話を繰り返し、その意味の奥行きを見定めることもできたはずだ。

それはそのまま解釈の妥当性という課題にもつながる。調査の密度が不足すれば、その解釈の妥当性もやはり揺らいでしまう。それを補うものがあるとすれば方法論や分析の手法になるだろうが、現代的な監視と権力というかなり抽象度の高い議論に好奇心と疑問をもってしまい、そこから出発した本書は、日常生活における語りや行為を整理して捉える手法を十分に備えてはいなかった。もちろん、象徴的相互作用論や構築主義をはじめとする理論的な文献についてはいくらか読解してきたつもりだったのだが、やはり調査事例を具体的に分析するための手法としてそれらを理解していたとは言い難い。相互作用や言説あるいは構造的なメカニズムを含め、それらを層化したものとして分析する手法についてはこれからすぐにでも取り組みたい。

さらに権力論をはじめとする理論的な理解も圧倒的に不足している。あらためて考えれば、社会の監視化という範疇に議論を限定せず、原点のヴェーバーにも立ち返りつつ、もう少し幅広く権力論を先に整理してから調査事例を位置づけるという手順が必要だったはずだ。また、それを揺るがすものに関しても同様だ。抵抗、反省、リフレーミングといった概念を検討したうえで、人びとがなしていることを検討すべきだったのだろう。本書が取り上げた他の理論についてもそれは同じだ。

ただ、そうした反省は本書を書き終えたからこそ言えることでもある。やはり書きはじめなければ理解することもできない。列挙した点は、反省であると同時に今後の研究のための覚書としてこのまま記しておきたい。それでも唯一希望があるとすれば、本書を通して自分が何を語りたいのかを見定めることはできたということだろう。反省点だらけだが、もし現代社会の理解にあたって読者がほんの少しでも共感できる部分があったのならば、本書にもわずかな意義はあるのかもしれない。

本書は二〇一二年一一月に京都大学大学院文学研究科に提出した課程博士論文「監視化とコミュニティに関する臨床社会学的研究」をもとに大幅に加筆・修正したものである。第1章は博士論文が初出であり、「はじめに」と「終章」は博士論文の提出後に完全に書き改めた。

はじめに「監視社会研究の再検討に向けて」『福祉社会研究』第一七号、一三五―一四二頁、二〇一七年。

第2章「現代における空間の管理――監視カメラの歴史的変遷から」『GCOE Working Papers』次世代研究54、一六―三三頁、二〇一一年。

第3章「偽装されたセキュリティ――監視社会論の陥穽」『現代思想』三五巻一四号、一四二―一五六頁、二〇〇七年。

第4章「現代の閉じた卜占――監視カメラの臨床社会学」『現代の社会病理』二六号、五一―六五頁、二〇一一年。

第5章「地域住民が監視カメラに寄せる多様な意味」『ソシオロジ』一六四号、七三―八九頁、二〇〇九年。

終章「監視カメラをめぐる二つの反省性」『福祉社会研究』第一八号、四五―五八頁、二〇一八年。

なお、本書は科学研究費若手研究B「監視社会化の過程のモデル化を通した社会問題の定義的アプローチの再検討」（二〇一四―二〇一八年度）［課題番号26780278］、平成三〇年度科学研究費補助金研究成果公開促進費〈学術図書〉［課題番号18HP5181］の助成を受けたものである。記して感謝したい。

最後に、本書の執筆を支えていただいた方々にお礼を申し上げます。まずは密度の低い調査であるにもかかわらず、お話をしていただいた方々に深謝いたします。不躾なことを突然聞きに来て、しかも通り一遍のことしか聞けない私のために貴重な時間と労力を割いていただき本当にありがとうございました。とくにお返しができることもなく、最後までただただご迷惑をおかけするばかりでしたが、本書は皆様のお話がなければ成立しませんでした。お名前については個別に挙げられませんが、今回取り上げなかった地域の方々も含めて、心より御礼申し上げます。

また、小さな研究会をともに続けてもらった方々にも感謝いたします。研究会で議論した内容は、本書の内容に直接的に関わらずとも、筆者が執筆にあたって思考をめぐらせる際の重要な基盤となりました。研究会のなかでまとまらないことを話すことや、それに対して率直に意見をもらうことで、はじめて自分が何を考えていたか理解ができたことが多々ありました。中森弘樹さん、中谷勇哉さん、藤原信行さん、井口暁さん、鈴木赳生さん、竹中祐二さん、中西真さん、宝月誠先生、本当にありがとうございました。

大学院では松田素二先生にものすごくお世話になりました。能力も努力も足りていない私が本を書くところまでたどり着けたのはすべて先生のおかげです。とくに私が考え続けたことを一瞬で解きほぐす先生のご助言には本当に何度も助けられました。なにからなにまでありがとうございました。また、博士論文の審査を担当していただいた伊藤公雄先生、吉田純先生、田中紀之先生にも感謝を申し上げます。論文の欠点については本書でも回収しきれていないかもしれませんが、なんとか少しずつでも研究の質を向上させるつもりですので、今後ともよろしくお願いいたします。伊藤先生に声をかけていただいたことで、修士を終え打ちひしがれていた私は前を向くことができました。ありがとうございます。また、落合恵美子先生には海外に目を向ける機会と他研究科に出入りする直接的な機会を与えていただきました。あらためて感謝いたします。思えば、このように複数の研究の場を行き来できる環境があり、さまざまな先輩や後輩と読書会や研究会を続けられた院生時代は、研究上は苦しかったとはいえ本当に幸せでした。最後に、松居和子先生にも感謝いたします。松居さんのおかげで研究室を居場所にすることができました。本当にありがとうございます。

さて、あらためて家族にも感謝いたします。勤務校に着任が決まった頃から、とにかく毎日が忙しくなりましたが、そのなかでも本書の執筆のために可能なかぎり時間と労力を割いてくれたことに心からお礼を申し上げます。ありがとう。

編集担当の上村和馬さんにも感謝いたします。声をかけていただいたこと、ご自身も生活面も含めて多忙にされているなかで的確な助言をいただいたこと、そして何より気長にかつ適切な距離感で遅れに遅れた原稿を待っていただいたことに、心より御礼申し上げます。上村さんがいなければ、この原稿は放置され、私もまだ研究者として半歩すらも足を踏み出していなかったと思います。

二〇一九年一月七日

朝田佳尚

慶應義塾大学出版会

失踪の社会学
親密性と責任をめぐる試論

中森弘樹 著

失踪が惹起する実存的な問いを突きつめ、あなたや私がそこにいる、という一見自明の事態を根底から見つめなおす、気鋭の力作。

日本社会学会第17回奨励賞・日本社会病理学会学術奨励賞（出版奨励賞）受賞。

A5判／上製／368頁
ISBN 978-4-7664-2481-2
◎4,200円　2017年10月刊行

◆主要目次◆
Ⅰ　いま、失踪を問う意味
第1章　なぜ私たちは「親密な関係」から離脱しないのか
第2章　失踪の実態はどこまで把握可能か
Ⅱ　失踪の言説史
第3章　失踪言説の歴史社会学
——戦後から現在までの雑誌記事分析
Ⅲ　当事者の語る失踪
第4章　失踪者の家族社会学
第5章　失踪者の家族をいかにして支援すべきか
——MPSの取り組みから
第6章　失踪者のライフストーリー
Ⅳ　「親密な関係」に繋ぎとめるもの
第7章　親密なる者への責任
第8章　現代社会と責任の倫理
終 章　行為としての〈失踪〉の可能性

表示価格は刊行時の本体価格（税別）です。

朝田 佳尚（あさだ よしたか）
京都府立大学公共政策学部准教授
1978年生まれ。2009年、京都大学大学院文学研究科行動文化学専攻社会学専修単位取得退学。2012年課程博士。
京都府立大学公共政策学部講師を経て、2015年より現職。
主要論文に、「偽装されたセキュリティ」『現代思想』(35巻14号)、「現代の閉じた卜占」『現代の社会病理』（26号）等がある。

監視カメラと閉鎖する共同体
——敵対性と排除の社会学

2019年2月28日　初版第1刷発行

著　者————朝田佳尚
発行者————依田俊之
発行所————慶應義塾大学出版会株式会社
〒108-8346　東京都港区三田2-19-30
TEL〔編集部〕03-3451-0931
〔営業部〕03-3451-3584〈ご注文〉
〃　03-3451-6926
FAX〔営業部〕03-3451-3122
振替 00190-8-155497
http://www.keio-up.co.jp/
装　丁————耳塚有里
組　版————株式会社キャップス
印刷・製本——中央精版印刷株式会社
カバー印刷——株式会社太平印刷社

Printed in Japan　ISBN978-4-7664-2586-4

索　引

ア行

東浩紀　30
アブダクション　178-179
安全　21, 31, 44, 79, 95, 98, 128, 141, 146-148, 162, 170, 172-173
安心　2, 31, 79, 98, 127, 162
逸脱　16, 25, 78, 102, 126, 128, 130, 170-171
ウェルシュ, C.　19
エヴァンス＝プリチャード, E. E.　113

カ行

隠しカメラ　42, 44, 48, 50, 52, 60, 63
監視研究　12-14
監視社会研究　14, 31-36, 77, 80, 104, 109-111, 129-130, 143, 162-163, 169
監視社会批判　11, 14, 22-23, 30, 32-34
監視社会論　12-14, 27, 29-33, 77-78, 172-173
ギデンズ, A.　2, 23-24, 113, 176-177, 180
共同体　35, 111, 113, 116-117, 123, 129-130, 169-170, 173, 180
現実の構成　5, 101
現実の再構成　130
権力　22, 26-27, 30, 51, 104, 169-174
構成された現実　103-104, 126, 133-134, 156
コミュニティ　79, 117-118, 120, 122, 126, 129, 150, 161-169, 172, 174, 180

サ行

再生産　125
自己撞着　168-169, 174, 176, 179-181
実践　135, 156-157, 163, 174, 179
社会病理　3
呪術　133, 180
状況の定義　125, 130, 134, 156, 158
消費　12, 26, 29-32, 77-78, 81, 127, 173
情報　12, 22, 27-30, 32, 78, 111, 172-173
スノーデン, E.　22
スペクタクル　128
セルトー, M.　174, 179
相互作用　110, 112

タ行

敵対性　3, 35, 169, 173
データベース　28-29, 169, 172-173
テレビ　42-48, 57-58, 60, 63, 127
テレビカメラ　43-44, 46-48, 51, 59

ハ行

排除　3, 25, 31, 111-112
バウマン, Z.　111
バトラー, J.　175, 177
場の定義　100
浜井浩一　20
浜本満　115, 124-125
犯罪対策　11-13, 15, 44-47, 59, 104
反 省　2, 103, 155-157, 167, 174-176, 179-181
反復　126, 169, 175-176, 180
批判的実在論　12-13, 177-179
ファリントン, D.　19
不 安　20-21, 34, 47, 55-56, 69, 77-80, 89-90, 92, 99-100, 103, 129, 148, 165
フーコー, M.　24, 26-27, 169-171
ブラウン, B.　19
閉回路テレビ（CCTV）　59, 127
ベック, U.　2
防犯カメラ　6, 15, 31, 52, 60, 62-63, 84, 93, 121, 140, 154-156
ボードリヤール, J.　127
卜占　113-117, 122-127
ポパー, K.　1-2

マ・ヤ・ラ行

マークス, G.　22
マートン, R. K.　113
物語の構成　104
呼びかけ　29, 60, 63, 84, 125-127, 138, 172
ライアン, D.　12, 29-30
コーズ, N.　25-26
コンブローゾ, C.　16, 41

参考文献

阿部潔, 2006,「公共空間の快適」阿部潔・成実弘至編『空間管理社会——監視と自由のパラドックス』新曜社, 18-56.

Anderson, Larry, 1998, "CCTV: Familiar Technology on the Cutting Edge," *American City and County*, 113(11): S16-S19.

Arendt, Hannah, 1951, *The Origins of Totalitarianism*, Harcourt, Brace & World Inc.（= 1974, 大久保和郎・大島かおり訳,『全体主義の起原 3　全体主義』みすず書房）.

鮎川潤, 1993,「『社会問題』『社会病理』への構築主義アプローチ」『現代の社会病理』8: 65-99.

東浩紀, 2002,「情報自由論③」『中央公論』117(9): 254-263.

東浩紀・大澤真幸, 2003,『自由を考える——9.11 以降の現代思想』NHK 出版.

Bateson, Melissa, D. Nettle and G. Roberts, 2006, "Cues of Being Watched Enhance Cooperation in a Real-World Setting," *Biology Letters*, 2: 412-414, (Retrieved October 6, 2018, https://www.ncbi.nlm.nih.gov/pmc/articles/PMC1686213/pdf/rsbl20060509.pdf)

Baudrillard, Jean, 1970, *La Société de Consommation: Ses Mythes, Ses Structures*, Éditions Denoël.（= ［1979］1995, 今村仁司・塚原史訳,『消費社会の神話と構造』紀伊國屋書店）.

Bauman, Zygmunt, 2000, *Liquid Modernity*, Polity Press.（= 2001, 森田典正訳,『リキッド・モダニティ』大月書店）.

Beck, Ulrich, 1986, *Riskogesellschaft: Auf dem Weg in eine andere Moderne*, Suhrkamp Verlag.（= 1998, 東廉・伊藤美登里訳,『危険社会——新しい近代への道』法政大学出版局）.

————, 2008, *Der Eigene Gott: Von der Friedensfähigkeit und dem Gewaltpotential der Religionen*, Verlag der Weltreligionen in Insel Verlag.（= 2011, 鈴木直訳,『〈私〉だけの神——平和と暴力のはざまにある宗教』岩波書店）.

Berger, Peter Ludwig, and Thomas Luckmann, 1966, *The Social Construction of Reality: A Treatise in the Sociology of Knowledge*, Doubleday.（= 1977, 山口節郎訳,『日常

世界の構成――アイデンティティと社会の弁証法』新曜社).
Bhaskar, Roy and Berth Danermark, 2006, "Metatheory, Interdisciplinarity and Disability Research: A Critical Realist Perspective," *Scandinavian Journal of Disability Research*, 8(4): 278-297.
Black, Jane, 2003, "Smile, You're on Surveillance Camera," *Business Weekly Online*, October 17 (Retrieved September 10, 2006, http://www.businessweek.com/bwdaily/dnflash/oct2003/nf20031017_2392_db025.htm?chan).
Bogard, William, 1996, *The Simulation of Surveillance*, Cambridge University Press.
Bratton, William Joseph, [1997] 1998, "Crime is down in New York City: Blame the Police," in Norman Dennis ed., Zero Tolerance: Policing a Free Society: Enlarged and Revised Second Edition, *The IEA Health and Welfare Unit Choice in Welfare* No.35: 29-43 (Retrieved November 10, 2011, http://www.civitas.org.uk/pdf/cw35.pdf).
Brown, Ben, 1995, "CCTV in Town Centres: Three Case Studies," Home Office Police Research Group ed., *Crime Detection and Prevention Series Paper* 68 (Retrieved September 15, 2009, http://www.homeoffice.gov.uk/rds/prgpdfs/fcdps68.pdf).
Butler, Judith, 1990, *Gender Trouble: Feminism and the Subversion of Identity*, Routledge. (= 1999, 竹村和子訳 ,『ジェンダー・トラブル――フェミニズムとアイデンティティの攪乱』青土社).
――――, 2008, "Subversive Bodily Acts," in Simon During ed., *The Cultural Studies Reader (Third Edition)*, Routledge, 371-382.
Castel, Robert, 1991, "From Dangerousness to Risk," in Graham Burchell, Colin Gordon and Peter Miller eds., *The Foucault Effect: Studies in Governmentarity*, The University of Chicago Press, 281-298.
Certeau, Michel de, 1980, *L'Invention du Quotidien 1. Art de Faire*, U. G. E. coll. 10/18. (= 1987, 山田登世子訳 ,『日常実践のポイエティーク』国文社).
Coleman, Roy, 2003, "Images from a Neoliberal City: the State, Surveillance and Social Control," *Critical Criminology*, 12(1): 21-42.
Coleman, Roy and Joe Sim, 2000, "You'll Never Walk Alone: CCTV Surveillance, Order and Neo-liberal Rule in Liverpool City Centre," *British Journal of Sociology*, 51(4): 623-639.
Crary, Jonathan, 1999, *Suspensions of Perception: Attention, Spectacle, and Modern Culture*, The MIT Press. (= 2005, 岡田温司監訳・石谷治寛・大木美智子・橋本梓訳 ,『知覚の宙づり――注意、スペクタクル、近代文化』平凡社).
Danermark, B., M. Ekstrom, L. Jakobsen, J. Ch. Karlsson, [1997] 2002, *Explaining Society: Critical Realism in the Social Sciences*, Routledge. (= 2015, 佐藤春吉監訳 ,

『社会を説明する——批判的実在論による社会科学論』ナカニシヤ出版).
Darmon, Pierre, 1989, *Médecins et Assassins à la Belle Époque: La Médcalisation du Crime*, Éditions du Seuil.（= 1992, 鈴木秀治訳 ,『医者と殺人者——ロンブローゾと生来性犯罪者説』新評論）.
Davis, Mike, 1992, *City of Quartz: Excavating the Future in Los Angeles*, Verso.（= 2001, 村山敏勝・日比野啓訳 ,『要塞都市 LA』青土社).
Davoudi, Simin and Patsy Healey, 1994, "Perceptions of City Challenge Policy Processes: The Newcastle Case," *Working Paper* No.45, University of New Castle Tyne (cited from "Electronic Working Paper" No.13; Retrieved October 7, 2011, http://www.ncl.ac.uk/guru/assets/documents/ewp13.pdf).
Debord, Guy, [1967]1992, *La Société du Spectacle*, Éditions Gallimard.（= 1993, 木下誠訳 ,『スペクタクルの社会』平凡社).
Decoteau, Claire Laurier, 2016, "The AART of Ethnography: A Critical Realist Explanatory Research Model," *Journal for the Theory of Social Behaviour*, 47（1）: 58-82.
Deleuze, Gilles, 1990, *Pourparlers: 1972-1990*, Les Éditions de Minuit.（= 1992, 宮林寛訳 ,『記号と事件』河出書房新社).
Evans-Pritchard, Edward Evan, 1937, *Witchcraft, Oracles and Magic among the Azande*, The Clarendon Press.（= 2001, 向井元子訳 ,『アザンデ人の世界——妖術・託宣・呪術』みすず書房).
Foucault, Michel, 1969, *Archéologie du savoir*, Éditions Gallimard.（= 1981, 中村雄二訳 ,『知の考古学』河出書房新社).
————, 1975, *Surveiller et Punir: Naissance de la Prison*, Éditions Gallimard.（= 1977, 田村淑訳 ,『監獄の誕生——監視と処罰』新潮社).
————, 1976, *La Volonté de Savoir (Volume 1 de Histoire de la Sexualité)*, Éditions Gallimard.（= 1986, 渡辺守章訳 ,『性の歴史 I　知への意志』新潮社).
————, 2004a, *Sécurité, Territoire, Population: Cours au Collège de France 1977-1978*, Éditions de Seuil/ Gallimard.（= 2007, 高桑和已訳 ,『安全・領土・人口——コレージュ・ド・フランス講義　一九七七－七八年度』筑摩書房).
————, 2004b, *Naissance de la biopolitique: Cours au Collège de France 1978-1979*, Éditions de Seuil/ Gallimard.（= 2008, 慎改康之訳 ,『生政治の誕生——コレージュ・ド・フランス講義　一九七八－七九年度』筑摩書房).
Giddens, Anthony, 1979, *Central Problems in Social Theory: Action, Structure, and Contradiction in Social Analysis*, Macmillan Education.（= 1989, 友枝敏雄・今田高俊・森重雄訳 ,『社会理論の最前線』ハーベスト社).
————, 1984, *The Constitution of Society: Outline of the Theory of Structuration*,

University of California Press.（＝ 2015, 門田健一訳 ,『社会の構成』勁草書房）.
――――, 1985, *The Nation-State and Violence*, Polity Press.（＝ 1999, 松尾精文・小幡正敏訳 ,『国民国家と暴力』而立書房）.
――――, 1991, *Modernity and Self-Identity: Self and Society in the Late Modern Age*, Blackwell Publishing.（＝ 2005, 秋吉美都・安藤太郎・筒井淳也訳 ,『モダニティと自己アイデンティティ――後期近代における自己と社会』ハーベスト社）.
――――, 1992, *The Transformation of Intimacy: Sexuality, Love and Eroticism*, Polity Press.（＝ 1995, 松尾精文・松川昭子訳 ,『親密性の変容――近代社会におけるセクシュアリティ、愛情、エロティシズム』而立書房）.
Greenwald, Glenn, 2014, *No Place to Hide: Edward Snowden, the NSA and the Surveillance State*, Metropolitan Books.（＝ 2014, 田口俊樹・濱野大道・武藤陽生訳 ,『暴露――スノーデンが私に託したファイル』新潮社）.
浜井浩一 , 2011,『実証的刑事政策論――真に有効な犯罪対策へ』岩波書店 .
浜本満 , 1983,「卜占（divination）と解釈」江淵一公・伊藤亜人編『儀礼と象徴――文化人類学的考察：吉田禎吾教授還暦記念論文集』九州大学出版会 , 21-46.
浜島望 , 2003,「『防犯カメラ』という名の監視システム①」『技術と人間』32（9）: 38-53.
――――, 2004,「『防犯カメラ』という名の監視システム　最終回」『技術と人間』33（10）: 94-105.
判例時報 , 1988,「犯罪の発生が予測される現場に設置されたテレビカメラによる犯罪状況の撮影録画が適法とされた事例」1278: 152-158.
――――, 1994,「警察署が、街頭防犯用の目的で設置した監視用テレビカメラが、プライバシーの利益を侵害するとして、撤去が命じられた事例」1515: 116-138.
日立評論社 , 1970,「万国博会場監視用閉回路テレビ設備」『日立評論　別冊万国博特集号』75-76.
Horkheimer, Max, und Theodor W. Adorno, [1944]1947, *Dialektik der Aufklärung: Philosophische Fragmente*, Querido Verlag.（＝ 1990, 徳永恂訳 ,『啓蒙の弁証法』岩波書店）.
法務省 , 1998,『犯罪白書　平成十年版』大蔵省印刷局（Retrieved October 26, 2011, http://hakusyo1.moj.go.jp/jp/39/nfm/mokuji.html.）.
――――, 2003,『犯罪白書　平成十五年版』国立印刷局（Retrieved October 26, 2011, http://hakusyo1.moj.go.jp/jp/44/nfm/mokuji.html.）.

Hughes, Gordon, 1997, "Policing Late Modernity: Changing Strategies of Crime Management in Contemporary Britain" in Jewson Nick and Susan MacGregor eds., *Transforming Cities: Contested Governance and New Spatial Divisions*, Routledge, 153-165.

伊藤公雄 , 1986,「日本人とクスリ」宝月誠編『薬害の社会学——薬と人間のアイロニー』世界思想社 : 12-57.

河合幹雄 , 2004,『安全神話崩壊のパラドックス——治安の法社会学』岩波書店 .

警察庁 , 2002,『警察白書　平成十四年度版』財務省印刷局（2011 年 10 月 7 日取得 , http://www.npa.go.jp/hakusyo/h14/h14index.html）.

————, 2010,「自主防犯活動を行う地域住民・ボランティア団体の活動状況について」（2011 年 10 月 7 日取得 , http://www.npa.go.jp/safetylife/seianki55/news/doc/21boranntelia_tyousa.pdf）.

警視庁 , 2005,「街頭防犯カメラシステム」（2011 年 11 月 26 日取得 , http://www.keishicho.metro.tokyo.jp/seian/gaitoukamera/gaitoukamera.htm）.

————, 2011,「成城警察署は防犯カメラを設置促進中です」（2011 年 10 月 16 日取得 , http://www.keishicho.metro.tokyo.jp/3/seijo/bouhan/bouhan.htm）.

国会会議録 , 2003, 第 156 回参議院「個人情報の保護に関する特別委員会」（5 月 16 日）194-205 国会議事録検索システム（2011 年 2 月 28 日取得 , http://kokkai.ndl.go.jp/）.

栗原彬・高畠通敏 , 1985,「日本型管理社会の構造——いかにして乗り超えられるか」『世界』470: 39-58.

Lash, Scott, 2000, "Risk Culture," in Adam, Barbara, Ulrich Beck and Joost van Loon eds., *The Risk Society and Beyond: Critical Issues for Social Theory*, Sage Publications, 47-62.

Lyon, David, 1994, *The Electronic Eye*, The University of Minnesota Press.

———— , 2001, *Surveillance Society: Monitoring Everyday Life*, Open University Press.（= 2002, 河村一郎訳 ,『監視社会』青土社）.

————, 2007, *Surveillance Studies: An Overview*, Polity Press.（= 2011, 田島泰彦・小笠原みどり訳 ,『監視スタディーズ——「見ること」「見られること」の社会理論』）岩波書店 .

前田雅英 , 2003,「犯罪統計から見た新宿の防犯カメラの有効性」『ジュリスト』1251: 154-162.

Marx, Gary, 1985, "The Surveillance Society: The Threat of 1984-style Techniques," *The Futurist*, June: 21-26.

Mathiesen, Thomas, 1997, "The Viewer Society: Michel Foucault's 'Panopticon'

Revisited," *Theoretical Criminology*, 1(2): 215-234.
松田素二, 1999,『抵抗する都市——ナイロビ移民の世界から』岩波書店.
Merton, Robert King, [1949]1957, *Social Theory and Social Structure: Toward the Codification of Theory and Research*, The Free Press.（＝［1961］2007, 森東吾・森好夫・金沢実・中島竜太郎訳,『社会理論と社会構造』みすず書房).
三上剛史, 2010,『社会の思考——リスクと監視と個人化』学文社.
三宅孝之, 2015,「監視・防犯カメラと犯罪予防」『島根法学』59（1）: 41-86.
毛利嘉孝, 1999,「安全性の専制 都市空間のセキュリティと警察的管理」『現代思想』27（11）: 196-205.
永井良和, 2011,『スパイ・爆撃・監視カメラ——人が人を信じないということ』河出ブックス.
内閣府編, 2004,「治安に関する世論調査」(2011年4月10日取得, http://www8.cao.go.jp/survey/h16/h16-chian/index.html).
中河伸俊・赤川学編, 2013,『方法としての構築主義』勁草書房.
日本防犯設備協会編, 2008,『平成20年版　統計調査報告書（改訂版）　防犯設備機器に関する統計調査』日本防犯設備協会.
————, 2018,『平成29年版　統計調査報告書　防犯設備機器に関する統計調査』日本防犯設備協会.
Norris. Clive, 2003, "From personal to digital: CCTV, the panopticon, and the technological mediation of suspicion and social control," in Lyon, David ed. *Surveillance as Social Sorting: Privacy, Risk and Digital Discrimination*, Routledge, 249-281.
Norris, Clive and Gary Armstrong, 1999, *The Maximum Surveillance Society: The Rise of CCTV*, Berg.
Norris, Clive, Mike McCahill, and David Wood eds., *Surveillance and Society: The Politics of CCTV in Europe and Beyond*, 2(2/3) (Retrieved August 30, 2006, http://www.surveillance-and-society.org/cctv.htm).
小田亮, 1996,「ポストモダン人類学の代価——ブリコルールの戦術と生活の場の人類学」『国立民族学博物館研究報告』21（4）: 807-875.
小笠原みどり, 2003,「視線の不公平——くらしに迫る監視カメラ」小倉利丸編『路上に自由を——監視カメラ徹底批判』インパクト出版会, 48-81.
小倉利丸, 2003,「監視カメラと街頭監視のポリティクス——ターゲットにされる低所得層とエスニック・マイノリティ」小倉利丸編『路上に自由を——監視カメラ徹底批判』インパクト出版会, 4-47.
岡邊健, 2014,「犯罪・非行の公式統計」岡邊健編『犯罪・非行の社会学』有斐閣ブックス, 39-50.

大村英昭編 , 2000,『臨床社会学を学ぶ人のために』世界思想社 .

Ortner, Sherry Beth., 2006, *Anthropology and Social Theory, Culture Power, and the Acting Subject*, Duke University Press.

Peirce, Charles S., 1931, *Collected Papers of Charles Pierce: 2 Elements of Logic*, Harvard University Press.（= 1986, 内田種臣編訳 ,『パース著作集 2　記号学』勁草書房）.

Popper, K. R., 1950, *The Open Society and its Enemies*, Princeton University Press.（= 1980, 小河原誠・内田詔夫訳 ,『開かれた社会とその敵』（第二部 予言の大潮）未來社）.

Poster, Mark, 1996, "Databases as Discourse; or, Electronic Interpellations," in Lyon, David and Elia Zureik eds., *Computers, Surveillance, and Privacy*, University of Minnesota Press, 175-192.

Rose, Nicolas, [1989] 1999, *Governing the Soul: The Shaping of the Private Self*, Free Association Books.（= 2016, 堀内進之介・神代健彦監訳 , 川口遼・中村江里訳 ,『魂を統治する――私的な自己の形成』以文社）.

――――― , 1996, "Governing "Advanced" Liberal Democracies," in Barry, Andrew, Thomas Osborne and Nikolas Rose eds., *Foucault and Political Reason: Liberalism, Neo-Liberalism and Rationalities of Government*, The University of Chicago Press, 37-64.

――――― , 2007, *The Politics of Life Itself: Biomedicine, Power, and Subjectivity in the Twenty-First Century*, Princeton University Press.

Said, Edward Wadie, 1978, *Orientalism*, Georges Borchardt.（= 1986, 板垣雄三・杉田英明監修 , 今沢紀子訳 ,『オリエンタリズム』平凡社）.

酒井隆史 , 2001,『自由論――現在性の系譜学』青土社 .

斎藤貴男 , 2004,『安心のファシズム――支配されたがる人びと』岩波新書 .

佐藤修史 , 2000,「あなたはこんなに見張られている」『AERA』, 13（14）: 29-31.

セキュリティスペシャリスト協会編 , 1998,「商店街に導入される監視カメラ――異なる導入事情、運営状況」『月刊セキュリティ研究』1: 7-15

――――― , 2003,「防犯カメラ導入から 1 年。歌舞伎町は今―。」『月刊セキュリティ研究』3 月号 : 25-27.

――――― , 2004,「防犯・監視カメラの有用性を現地取材」『月刊セキュリティ研究』4 月号 : 27-47.

成城警察署 , 2011,「成城警察署は防犯カメラを設置促進中です。 ～管内の侵入盗半減！～　ひったくり犯人も検挙」（2011 年 2 月 28 日取得 , http://www.keishicho.metro.tokyo.jp/3/seijo/bouhan/bouhan.htm）.

関口政志 , 2004,「社会安全システムとしての防犯カメラ」『警察政策』6: 133-

151.

Sennett, Richard, 1990, *The Conscience of the Eye: The Design and Social Life of Cities*, W. W. Norton & Company.

渋谷望 , 2003,『魂の労働――ネオリベラリズムの権力論』青土社 .

重光哲明 , 1993,「規律社会から管理社会へ――バイオ・ポリティックスの変貌」『現代思想』21（12）:214-223.

総務省統計局 , 1995,『国勢調査（平成七年版）』（2006 年 8 月 19 日取得 , http://www.stat.go.jp/data/kokusei/1995/index.htm）.

――――, 2005,『国勢調査（平成十七年版）』（2006 年 8 月 19 日取得 , http://www.stat.go.jp/data/kokusei/2005/index.htm）.

杉浦弘和 , 2002,「インタビュー　昭和の凶悪事件を契機に、一気に需要が広まった監視カメラ」『セキュリティ研究』49: 23-25.

鈴木謙介 , 2005,「監視批判はなぜ困難か――再帰的近代におけるリスク処理の形式としての監視」『社会学評論』55（4）: 499-513.

田辺繁治 , 2008,『ケアのコミュニティ――北タイのエイズ自助グループが切り開くもの』岩波書店 .

田島泰彦 , 2017,「統制と監視に向かう日本と共謀罪」田島泰彦編著『物言えぬ恐怖の時代がやってくる――共謀罪とメディア』花伝社 .

Taylor, Charles, 1991, *The Ethics of Authenticity*, Harvard University Press.（＝ 2004, 田中智彦訳 ,『〈ほんもの〉という倫理――近代とその不安』産業図書）.

渡辺元 , 2004,「商店街監視カメラの運用実態調査報告 商店街監視カメラの違憲性（前編）」『New Media』22（11）: 20-23.

Weber, Max, 1920-21, Gesammelte Aufsatze zur Religionssoziologie, 3Bde., J.C.B. Mohr.（＝ 1972, 大塚久雄・生松敬三訳 ,『宗教社会学論選』みすず書房）.

Welsh, Brandon., C., and Farrington, David., 2003, "Effects of Closed-Circuit Television on Crime, Annals," *Annals of the American Academy*, 587: 110-135.

山口響 , 2003,「監視カメラ大国イギリスの今」小倉利丸編『路上に自由を 監視カメラ徹底批判』インパクト出版会 , 82-137.

吉田純 , 2010,「情報ネットワーク社会における〈監視〉と〈プライバシー〉」『システム制御情報学会誌』54（6）: 225-230.

吉原直樹 , 2007,『開いて守る――安全・安心のコミュニティづくりのために』岩波ブックレット No. 692.

Young, Jock, 1999, *The Exclusive Society: Social Exclusion, Crime and Difference in Late Modernity*, Sage.（＝ 2007, 青木秀男・伊藤泰郎・岸政彦・村澤真保呂訳 ,『排除型社会――後期近代における犯罪・雇用・差異』洛北出版）.

Zukin, Sharon, 1995, *The Cultures of Cities*, Blackwell.